Andreas Krampe

Ein allgemeingültiges Rezept zum Glücklichsein

Andreas Krampe

Und es gibt es doch: Ein allgemeingültiges Rezept zum *GLÜCKLICHSEIN*

Impressum:

Herausgeber: Andreas Krampe
Lektorat: Kristina Rundt
Verlag Bauer-Verlag GmbH | 87677 Thalhofen
www.verlag-bauer.de | Tel.: 08345/1601

ISBN: 978-3-95551-078-7

S. 79: Abdruck mit freundlicher Genehmigung des Kösel-Verlages, München

Allen gewidmet,

die wahrhaft
*~ **GLÜCKLICH SEIN** ~*
wollen.

wir danken, Ihr gehört dazu!

Lieber Hannes, liebe Steffi,
anlässlich Eurer Verlobung alles Gute

Andreas und Christiane

Einleitung

Johann Wolfgang von Goethe:
„Jeder hat sein eigenes Glück unter den Händen, wie der Künstler eine rohe Materie, die er zu einer Gestalt umbilden will. Aber es ist mit dieser Kunst wie mit allem: Nur die Fähigkeit dazu wird uns angeboren; sie will gelernt und sorgfältig ausgeübt sein."

1. Warum so wenige Menschen fühlbar glücklich sind, obwohl wir doch alle im Grunde unseres Herzens nichts anderes wünschen.

2. Die Machthaber und Drahtzieher wollen nur dein Bestes, dein Geld. Zu diesem Zweck halten sie dich auf Trab und erschweren so ein Innehalten und Nachsinnen (Sinnsuche).

3. Du musst aufwachen aus diesem konzerngesteuerten Automatikbetrieb der Unbewusstheit.

4. Wenn du erkennst, wie du die Welt, in der wir leben, mitgestaltest, kannst du dich gegen unbewusste Identität und für bewusste Authentizität entscheiden.

5. Mein Rezept zum ~ *GLÜCKLICHSEIN* ~ will dich dazu einladen und dich dahin begleiten – gehen musst du allerdings selbst.

Einleitung

Es gibt bereits genug Bücher zum Thema Glück. Bei einer Internet-Recherche finde ich heute 25.593 Suchergebnisse! Woran du siehst: Das Thema fasziniert uns. Die Menge der Bücher spricht allerdings dafür, dass sich nicht wirklich etwas ändert. Die meisten „Glücksbücher“ werden wohl eher nur konsumiert, und dann war`s das. Wir nehmen nicht wirklich etwas auf, wir setzen nicht wirklich etwas um. Ich gehe später noch näher darauf ein, warum das wohl so ist. Daraus kann und muss man folgern: Was fehlt, ist ein Handbuch, ein Arbeitsbuch, das dich allgemeinverständlich und praktikabel Schritt für Schritt sicher zum Ziel führt. Dieses Buch liegt jetzt in deiner Hand. Damit hast du bereits den ersten wichtigen Schritt auf dem Weg zum Ziel des ~ *GLÜCKLICH-SEINS* ~ getan.

Bevor ich den nächsten Schritt in Kapitel 1 vorstelle, möchte ich noch ein paar Gedanken zum Thema ~ *GLÜCKLICHSEIN* ~ darlegen. Diese meine Gedanken sollen das Thema etwas genauer beleuchten, sind aber für deinen Weg nicht unbedingt notwendig. Du kannst also, sofern du es eilig hast, gleich bei Kapitel 1 weitermachen.

Es ist ja doch unglaublich, dass so wenige Menschen wirklich spürbar glücklich sind, obwohl wir in einer der wohlhabendsten Gesellschaften der Welt leben und wir alle im tiefsten Inneren nichts anderes anstreben, als glücklich zu sein. Woran liegt das?
Wir glauben, wenn einige Grundvoraussetzungen günstiger wären und wir nur genug Geld hätten, könnten wir glücklicher sein. Wir könnten uns dann alles kaufen: ein schönes Zuhause, ein tolles Auto, phantastische Urlaube und so weiter und so fort. In der wenigen Freizeit, die uns bleibt – wir haben ja ständig einen vollen Terminkalender – blättern wir in „Schöner Wohnen“, „Mein Garten“, „Auto, Motor und Sport“ „Städte-

reisen“ oder verlieren uns im Fernsehen und lassen uns von der Werbung einlullen. Wir surfen im Internet, googeln und versenden eine SMS nach der anderen.
Wenn wir innehalten, merken wir vielleicht, dass uns irgendetwas fehlt, dass wir im tiefsten Inneren unzufrieden sind. Wir überlegen kurz, häufig fast unbewusst, was das sein könnte.
- Vielleicht ein Liebesabenteuer? Also versuchen wir es mit einem Flirt, riskieren vielleicht einen Seitensprung oder wir kaufen uns Liebesromane, schauen uns entsprechende DVDs an oder gehen ins Kino.
- Oder es fehlt uns vielleicht ein Abenteuer, ein bisschen Aufregung. Dann kaufen wir uns eben einen Krimi, sehen uns einen Actionfilm an oder versuchen uns im Bungeejumping. Ganz Abenteuerlustige buchen vielleicht eine Abenteuerreise, oder man gibt sich mit einem entsprechenden Outfit oder einem Offroad- Auto zufrieden.
- Oder fehlt uns Gefühl? Wie zum Beispiel Freude wie als Kind an Weihnachten? Also gehen wir in Einkaufszentren, Möbelhäuser und kaufen Geschenke (für uns und für andere). Für das Gefühl gehen wir auf den Weihnachtsmarkt, aber der in unserer Nähe genügt nicht. An jedem Adventswochenende muss ein anderer Weihnachtsmarkt besucht werden. Wir fahren auch richtig weit, um Highlights zu erleben. Ob Aachen, Nürnberg oder Rothenburg; und so vergeht die Zeit, und Weihnachten ist da. Doch zu Hause merken wir, zwischen Traum und Wirklichkeit liegen Welten. Und wer ist schuld daran? Natürlich die anderen. Ich habe mich ja dauernd mit Weihnachtsvorbereitungen beschäftigt. Und so passiert, was jedes Weihnachten passiert: Spannung, Streit, Verletzungen, Beleidigtsein und so weiter. Weihnachten ist der Tag des Jahres mit der häufigsten Streitquote in den Familien.
Aber was soll's: das Leben geht weiter. Familienbesuche, Gans-Essen – und bald ist ja auch Neujahr. Da muss man ja noch einkaufen: Feuerwerkskörper, Lachs, Sekt und so weiter. Aber diese ganze Hektik in

unserer Welt führt nicht zum *GLÜCKLICHSEIN*. Beschränkt sich unsere Aufmerksamkeit doch auf unwesentliche Äußerlichkeiten.

Wir müssen uns also doch intensiver mit dem Thema *GLÜCKLICHSEIN* beschäftigen. Vielleicht sollten wir uns doch einmal ein entsprechendes Buch kaufen wie beispielsweise: „Glück kommt selten allein“ von Eckart von Hirschhausen. Oder ein buddhistisch geprägtes Buch wie „Glück“ von Richard Mathieu. Oder noch schneller zielversprechend: „Wünsch es dir einfach - aber richtig“ von Pierre Franckh.

Durch das Lesen derartiger Bücher ändert sich in den meisten Fällen aber nichts, weil wir diese Bücher eben auch nur konsumieren. Genauso wie wir durch das Sehen von Sternekoch-Sendungen nicht besser oder mehr kochen (es wurde noch nie so wenig selber gekocht wie heute), genauso wenig, wie wir durch das Lesen von Diätbüchern nicht dauerhaft schlank werden und bleiben (ca. 70 % der Deutschen sind übergewichtig), genauso wenig werden wir durch das Lesen von Glücksbüchern wirklich glücklicher.

Auf der Annahme, dass sich ja sowieso nichts ändern lässt, weil bei uns diese oder jene Voraussetzung eben nicht erfüllt ist, ruhen wir uns aus und verdrängen diese deprimierende Erkenntnis mit Ablenkung, Konsum und einem vollen Terminkalender.

Die Welt, in der wir leben, wird geprägt vom Streben nach Macht und Geld. Dazu werden Lobbyisten, Meinungsbildner und Drahtzieher eingesetzt. Diese „falschen Propheten“ versprechen uns, wenn wir nur genug Geld hätten, könnten wir uns das kaufen, was uns zum *GLÜCKLICHSEIN* fehlt. Also machen wir mit im Getriebe der Welt, in der wir leben:

- Die meisten Menschen und sogar viele Banker wissen, dass unser Finanzsystem zum Crash führen muss, aber das wird ja wohl nicht morgen sein. Und bis dahin nehmen wir noch ein paar satte Gewinne mit.

- Die meisten Menschen, vor allem die Broker und die Kapitalmarkthaie wissen, dass die Schaffung rein virtueller Werte irgendwann zum Crash führen muss, aber das wird ja wohl nicht morgen sein. Und bis dahin nehmen wir noch ein paar satte Gewinne mit.

- Die meisten Menschen und die kritischen Diplomvolkswirte und Wirtschafts-Wissenschaftler wissen, dass ständiges Wachstum unmöglich ist und zwangsläufig zum Crash führen muss, aber das wird ja wohl nicht morgen sein. Und bis dahin nehmen wir noch ein paar satte Gewinne mit.

- Die meisten Menschen und besonders die Soziologen und Ökonomen wissen, dass die Schere zwischen Arm und Reich immer mehr auseinanderklafft. Schlimm ist, dass die Ärmeren nicht etwa nur weniger am Fortschritt teilhaben, sondern dass ihre Kurve nach unten geht. Die Armen werden immer ärmer, arbeiten bis zum Umfallen, bis zum Burnout, oder sie sind arbeitslos. Das muss zwangsläufig zum Crash führen, aber das wird ja wohl nicht morgen sein. Und bis dahin machen wir weiter im Hamsterrad.

Diese Auflistung könnte beliebig verlängert werden, aber für meine Zwecke reichen diese paar Beispiele, um klarzumachen, dass das System, in dem wir leben, gar nicht davon profitieren würde, wenn wir uns auf den Weg machen würden, um wirklich glücklicher zu werden. In diesem Zusammenhang sollte es zu denken geben, dass es nur ein einziges Land auf unserer Erde gibt, das das Glück seiner Bewohner als politisches Ziel in seiner Verfassung verankert hat. (Möglich war das nur durch jahrelange Abschottung gegen die Infiltration durch das Kapital). Es handelt sich um Bhutan.

Wirklich glückliche Menschen shoppen weniger, konsumieren weniger, werfen weniger weg und anderes mehr. Das heißt, glückliche Menschen bremsen das Wachstum und lassen das Hamsterrad langsamer laufen, und das ist unerwünscht. Das Wirtschaftswachstum ist das „goldene Kalb der Drahtzieher und ihrer Gefolgschaft". Denen ist ein Mensch im Hamsterrad des Konsumierens, der seinem scheinbaren Glück hinterherläuft, lieber als ein glücklicher Genießer, und so werden wir weiter manipuliert, im Hamsterrad zu strampeln. Mit Macht und Milliarden (Werbung und anderes) werden wir ferngesteuert, ohne es zu merken. Die Wahrheit spielt dabei keine Rolle.

Bei einer schon Jahre zurückliegenden Untersuchung wurde nachgewiesen, dass bei der Fernsehwerbung zum Thema Gesundheit werktags in 80 % der Spots Unwahrheiten suggeriert wurden, am Wochenende sogar in 90 %!

Willst du also wirklich glücklich werden, brauchst du viel Mut und Entschlossenheit, gegen diese Kampagne zu bestehen. Aber es war schon immer so: Nur tote Fische schwimmen mit dem Strom. Willst du glücklich werden, musst du entschlossen gegen den Strom schwimmen. Du musst also aufwachen aus dem konzerngesteuerten Automatikbetrieb der Unbewusstheit! Dazu will ich dich im ersten Kapitel meines Buches ermutigen.

Die Glücksforscher sagen:

Nur maximal 20 % des Glücks sind von äußeren Faktoren abhängig. Dazu gehören vor allem: materielle Sicherheit, Gesundheit, gelingende Beziehungen und ein erfüllender Beruf. Die restlichen 80 % sind innere seelisch-geistige Faktoren, die nicht käuflich erworben werden können. Mit diesen inneren Faktoren will ich mich in diesem Buch hauptsächlich beschäftigen. Wobei sich die Veränderung dieser inneren Faktoren mittel- bis langfristig auch auf die äußeren Faktoren auswirkt.
Sei einmal ehrlich: Wann hast du zuletzt Zeit mit Nichtstun, Träumen, Lauschen, einfach Sein verbracht? Wie viel Zeit hattest du für Fernsehen, Shoppen, Beauty-Machen, Naschen, Illustrierten-Blättern und anderes mehr? Berücksichtige dabei beispielsweise die Zeit, die du gebraucht hast, beim Kauf zum Beispiel eines Flachbildschirmes, das Optimum aus technischer Innovation, Design und Preis zu ermitteln. Diese Zeit ist ein Maßstab, wie viel du bereit bist, für mehr ~ *GLÜCKLICHSEIN* ~ an Zeit und Energie zu investieren. Für deinen Weg zum ~ *GLÜCKLICHSEIN* ~ brauchst du weniger Zeit und Energie als du glaubst.
Es gibt eine gute Nachricht: Es gibt tatsächlich einen allgemeingültigen Weg zum ~ *GLÜCKLICHSEIN* ~. Es muss ja auch so sein, denn wenn es schon mal jemand geschafft hat, müssen es auch andere schaffen können, also auch du und ich.
Die „weniger gute Nachricht“: Gehen muss jeder seinen Weg selbst. Allerdings ist dieser hier vorgestellte Weg sicher und kann problemlos alleine gegangen werden. Selbstverständlich kannst du auch in einer kleinen Gruppe mit Gleichgesinnten loslegen. Einerlei: Der Weg zum Glück ist der spannendste, schönste und erfüllendste, den es gibt. Du brauchst lediglich zweierlei Qualitäten: Entschlossenheit und Ausdauer. (Mehr dazu im ersten Kapitel.)

Voltaire hat gesagt:
„Wir sind nicht nur für das verantwortlich, was wir tun, sondern auch für das, was wir nicht tun.“ Das bedeutet, dass du selbst dafür verantwortlich bist, wenn du den Weg zu deinem ~ ***GLÜCKLICHSEIN*** ~ nicht einschlägst!
Die von mir gewählte Reihenfolge der sechs Schritte zum ~ ***GLÜCKLICHSEIN*** ~ erscheint mir stimmig, stellt aber keine Wertehierarchie dar. Wenn du von „Dankbarkeit und Demut“ stark angezogen wirst, dann kannst du auch direkt mit Kapitel V beginnen. Wenn du die Essenz von „Dankbarkeit und Demut“ konsequent umsetzt, dann hast du „den Entschluss“ (Kapitel I) bereits umgesetzt.

Über deine Aufmerksamkeitslenkung auf Dankbarkeit und Demut entwickelst du deine Fähigkeit zum positiven Denken und Gestalten (Kapitel II). Dankbarkeit und Demut sind nur möglich, wenn du wahrnimmst, ohne zu bewerten, wenn du annimmst, was ist (Kapitel III). Damit lebst du bereits Mitgefühl und Liebe (Kapitel IV).
Ein so gelebtes Leben wird immer Sinn und Erfüllung schenken (Kapitel VI). Du siehst also, dass mein Rezept zum ~ ***GLÜCKLICHSEIN*** ~ in sich schlüssig ist.
Die Beschränkung auf sechs Schritte erhöht die Praktikabilität und stellt einen Kompromiss dar zwischen einer riesigen Fülle von Faktoren und einer gewaltsamen Reduktion auf noch weniger, wodurch die einzelnen Schritte wieder komplexer würden.

Ich habe versucht, einen relativ bequemen Weg zu wählen, der dich möglichst sicher an das Ziel bringen soll. Selbstverständlich gibt es ungezählte Alternativen. Ich empfehle jedoch, auf Diskussionen über Alternativen zu verzichten, weil sich dadurch lediglich der Aufbruch verzögern würde. Gehe einfach los, denn der Weg ist das Ziel. Und das Glücksgefühl, auf einem richtigen Weg zu sein, wird sich schnell einstellen. Dies beinhaltet

auch den Vorteil, dass der Weg bereits erfolgreich erprobt ist. So vermeidest du das Risiko, in eine Sackgasse zu geraten und umkehren zu müssen. Einige Abstecher oder Umwege wirst du ohnehin kaum vermeiden können, ebenso wenig wie gewollte oder ungewollte Unterbrechungen. Das Wichtigste ist: Lass dich nicht davon abbringen, deinen Weg zu gehen.
Eine weitere gute Nachricht: Du brauchst dich nicht mit Theorien, Hypothesen oder Weltanschauungen zu beschäftigen oder mit meinen Vorstellungen übereinzustimmen, du musst lediglich meine Rezeptur verwenden, um an das Ziel zu kommen. Ich empfehle dir: Überprüfe mein Rezept im richtigen Leben, im Alltag, denn dafür habe ich mein Rezept zum *GLÜCKLICHSEIN* geschrieben.

Wir, das heißt jeder von uns, erschaffen uns die Welt, in der wir leben, mit unseren Gedanken, Wünschen, Vorstellungen und Ängsten; ob uns das bewusst ist oder nicht, spielt dabei keine Rolle. Dieses bewusst zu gestalten ist das Anliegen meines Buches.
Meist gestalten wir unbewusst und sind mit dem Ergebnis unzufrieden. Und dieses schöpferische Erschaffen unserer Wirklichkeit vollbringen wir auch kollektiv in unserer Gesellschaft. Mit der Schaffung unserer heutigen Wirklichkeit haben wir vor ca. 30 Jahren begonnen. Eine Meinungsumfrage, die damals im „Stern" veröffentlicht wurde, stellte jungen Menschen in Deutschland die Frage, was ihre wichtigsten Wünsche und Ziele für ihr Leben wären. Am häufigsten wurden genannt: Schönsein, Coolsein, Reichsein!
Und heute haben wir den Schlamassel. Denn wenn ich schön sein will, kann ich das nur im Vergleich mit anderen, die aber auch schön sein wollen. Damit beginnt eine Wettbewerbsspirale, die für die meisten Menschen frustran enden muss. Obwohl wir Unsummen ausgeben für Kosmetika, Haarstyling, Maniküre, Mode und so weiter, können wir nie am Ziel ankommen, da die Konkurrenz ja auch nicht schläft. Die Zahl von sinnlosen Schönheitsoperationen, Faltenunterspritzungen, Brust- und

Nasenkorrekturen und so weiter nimmt in erschreckendem Maße zu. Und so machen sich die meisten jungen Frauen, wenn sie sich morgens im Spiegel begrüßen, erst einmal nieder: „Wie siehst du denn heute wieder aus?“ und Ähnliches mehr.

Da hilft auch das Coolsein nicht weiter, denn cool braucht ja auch andere, die weniger cool sind, um sich selbst noch als cool zu erleben. Und so sind wir auf dem Weg, zu gefühllosen Robotern zu werden. Wir schauen uns brutale Sendungen im Fernsehen an und futtern Chips beim Morden. Unser Arbeitsplatz wird von unserem coolen Chef eben mal wegrationiert. Die Liste der Beispiele ließe sich beliebig fortsetzen. Unsere Wirtschaft und unser Arbeitsleben werden immer skrupelloser von Macht und Geldgier regiert.
Ich habe ich oben schon anklingen lassen, dass „reich sein zu wollen“ ebenfalls fatal ist. Ich kann mich ja nur reich fühlen, wenn andere weniger haben. Nach dem Gesetz der Polarität muss damit die Zahl der Armen steigen. Dies kann man zurzeit täglich in unserer Gesellschaft beobachten und in der Zeitung nachlesen. Obwohl wir eine der reichsten, wohlhabendsten Gesellschaften der Welt sind und über eins der besten sozialen Netze verfügen und immer noch eine der besten Gesundheitssysteme der Welt haben, nehmen Armut und Arbeitslosigkeit ständig zu. Und der Druck bleibt weiter bestehen: „Was, du hast noch ein altes Handy und bist noch nicht online, hast kein W-LAN, kein Tablet und kein Navi?“ und so weiter. Dauerhaftes Glück ist so nicht erreichbar, lediglich kurzfristige Genugtuung für einige wenige.
Du hältst dieses Buch in deinen Händen, weil du aus dieser Mühle raus willst. Du willst dich auf den Weg zum wahren *GLÜCKLICHSEIN* machen. Super: Leg los mit Kapitel 1.

Die Vorfreude auf dein *GLÜCKLICHSEIN* beglückt

I. Der Entschluss

Friedrich von Schiller:
„Wer nichts wagt, der darf nichts hoffen."

Dalai Lama:
„Wenn wir es wollen, liegt das Glück ganz nah."

1. Die Glücksbremse Kindheitsprägung
2. Deine Trägheit erschwert Veränderungen.
3. Um des lieben Frieden willens passt du dich an.
4. Mit Willenskraft gegen den inneren Schweinehund
5. Sammle deinen Mut und entscheide dich für dein ~ *GLÜCKLICHSEIN* ~.
6. Genieße die Vorfreude, das Glück des Wollens.
7. Bleibe konsequent dabei, täglich etwas für dich, für deine Seele, für dein ~ *GLÜCKLICHSEIN* ~ zu tun.

I. Der Entschluss

Es ist doch scheinbar paradox, dass wir bewusst den Entschluss fassen müssen, *GLÜCKLICH SEIN* zu wollen, und dass es Mut erfordert, diesen Entschluss zu fassen, obwohl wir uns im tiefsten Inneren nichts anderes wünschen als *GLÜCKLICH zu SEIN*. Zwei Phänomene möchte ich hier darlegen, damit wir die Zusammenhänge besser verstehen können. Nur dann können wir uns von den unbewussten Fesseln befreien und uns auf den Weg zum *GLÜCKLICHSEIN* begeben.

Erstes großes Hindernis: Unsere frühkindliche Prägung

Als wir als kleines Wesen auf diese Welt kamen, hatten wir nur den Wunsch, ja die Erwartung, in Liebe und Geborgenheit die Welt zu erforschen und zu erfahren. Mehr hätten wir zu unserem Glück nicht gebraucht. Doch leider mussten die meisten von uns die Erfahrung machen, dass wir nicht okay waren, wie wir waren. Um die Liebe, die wir als kleines Wesen brauchten, auch zu bekommen, mussten wir die Erwartungen der Großen, insbesondere der Eltern, erfüllen. So haben wir bereits in den ersten Lebensjahren eine Strategie entwickelt, die uns doch noch ein bisschen Liebe, zumindest aber etwas Aufmerksamkeit hat zukommen lassen. Diese Strategie haben wir nicht bewusst entwickelt, sondern wir sind in sie hineingewachsen. Und heute betrachten wir sie als eine Eigenschaft von uns, als Bestandteil unseres Egos.

(Ich verwende den Begriff Ego entsprechend dem Begriff „Persona“, dem „kleinen Ich“, meiner Identität.) Im Gegensatz zu meinem Selbst, dem ICH BIN, meiner Authentizität.)

Ich gebe ein paar Beispiele von solchen „Überlebensstrategien“, damit du deine eigene Strategie leichter identifizieren kannst, denn auf dem Weg zu deinem ~ *GLÜCKLICHSEIN* ~ ist es notwendig, die Strategien, die Spielchen deines Egos zu kennen:

a. Ich tue alles, was ihr wollt.

b. Ich vermeide Konfrontation, verhalte mich unauffällig und zurückhaltend.

c. Ich bin schwach und hilflos, ich bin nicht so belastbar, nicht überall kompetent, also reduziert eure Anforderungen und Erwartungen an mich.

d. Mit Charme und Manipulation kann ich oft doch bekommen, was ich will.

e. Ich dramatisiere, ich habe die besseren Nerven.

f. Ich sabotiere, so werden mir weniger Pflichten auferlegt, und ich bekomme wenigstens Aufmerksamkeit, wenn schon keine Liebe.

g. Ich schaffe es alleine. Wenn ich nicht bitte, werden meine Bitten auch nicht ausgeschlagen oder ignoriert.

h. Ich spiele den Starken oder den, der gewünscht wird, so erspare ich mir negative Urteile und bekomme vielleicht doch mehr Anerkennung und Liebe.

i. Ich intrigiere, damit bekommt ein anderer die „Arschkarte".
Die Möglichkeiten hierzu sind so zahlreich wie die Menschen.

Mittlerweile bist du erwachsen geworden und wendest immer noch dieselbe Strategie an wie als kleines Kind. So verbaust du dir den Weg zu deinem ~ *GLÜCKLICHSEIN* ~ noch mehr. Du musst erkennen, dass du mittlerweile erwachsen geworden bist. Die Überlebensstrategie aus deiner Kindheit mag damals hilfreich gewesen sein, heute ist sie ein Hindernis auf dem Weg zu dir und zu deinem ~ *GLÜCKLICHSEIN* ~, fußt sie doch auf der Überzeugung des Mangels: du bist nicht okay, nicht liebenswert, du fühlst dich minderwertig, so wie du bist.
Wir glauben, darauf angewiesen zu sein, dass uns andere geben, was uns fehlt. Diese Überzeugung führt zu einer großen und tiefen Enttäuschung, die wehtut, uns traurig macht. Diese unangenehmen Gefühle wollen wir verdrängen, nicht zulassen, nicht wahrhaben. Also lenken wir uns ab mit Arbeit, Fernsehen und anderen Beschäftigungen, also Aktivismus. Das führt dazu, dass wir zunächst uns selbst gegenüber weniger sensibel, weniger mitfühlend, weniger gefühlvoll werden wollen und allmählich auch werden. Diese Gefühllosigkeit lässt sich jedoch nicht steuern. Entweder sind wir mitfühlend oder eben nicht, und so werden wir anderen gegenüber weniger Mitgefühl empfinden, aber leider werden wir auch unsere eigenen schönen Gefühle wie Freude, Lachen, Heiterkeit, Übermut und andere weniger und, wenn überhaupt, dann weniger intensiv erleben.
Unsere Überlebensstrategie zieht uns weiter in die Negativität, weil sie außerdem dazu führt, dass wir unsere Aufmerksamkeit zu unserem Gegenüber lenken, der es uns natürlich nie recht machen kann, wenn unsere Überzeugungen nicht korrigiert werden. Trotz aller Bemühungen kann

er doch nicht dauerhaft unseren Erwartungen genügen, und damit ist die Negativitätsspirale die dominierende Erfahrung unseres Lebens:
Ich bin enttäuscht, weil mein Gegenüber meine Erwartungen nicht erfüllt, ich bin gekränkt, beleidigt, verletzt, streite oder ziehe mich zurück, bin allein, getrennt, unverstanden, unglücklich.

Verdrängtes macht uns unfrei, schwer. Und wenn aus dieser beleidigten, verletzten Grundhaltung eine Wut hervorbricht, erscheint diese völlig daneben und treibt uns noch tiefer in diese Spirale aus Anpassung, Unterdrückung und Traurigkeit. Du machst wieder dieselbe verdrängte Erfahrung aus deiner Kindheit: du bist nicht okay, nicht liebenswert, so wie du bist. Diese schmerzhafte Erfahrung hat ja die Negativitätsspirale in deinem Leben ausgelöst, und das willst du wirklich nicht schon wieder, und schon gar nicht möchtest du dies tief fühlen.
Aber deine Angst ist die Tür zu deiner Freiheit und zu deinem *GLÜCKLICHSEIN*. Wenn du erkennst, dass du so, wie du bist, okay und liebenswert bist, und dass du keinen Mangel leidest, den andere auffüllen müssten, dann bist du frei und kannst dich auf den Weg machen zu deinem ganz persönlichen *GLÜCKLICHSEIN*. Immerhin warst du als Einjähriger nicht allein lebensfähig, heute bist du das aber durchaus – also: was sollte passieren?
Die hinderliche alte Strategie solltest du aus dem Weg räumen. Wenn du selbstkritisch genug bist, kannst du es alleine schaffen. Voraussetzung für Erfolg ist, dass du nicht nur deine Entwicklung erkennst, die du –beginnend mit deiner Überlebensstrategie als Kleinkind – gemacht hast, sondern auch deine Gefühle fühlst, die du damals verdrängt hast, deine Traurigkeit, deine Wut, und dass du diese Gefühle jetzt willkommen heißt und fühlst. Hilfreich können auch Menschen sein, die selber authentisch und dir in Liebe zugetan sind. Es kann auch sinnvoll sein, therapeutische Hilfe in Anspruch zu nehmen. (Unsere Seminare „FREUDE

IM SEIN" bieten ebenfalls Hilfe auf diesem Weg.) Wenn du dabei deiner Angst begegnest, freue dich darüber, denn dann bist du richtig.
In ihrem Buch „Die liebevolle Kriegerin – Stehe zu dir selbst, entdecke deine Stärke, wecke deinen Mut!" beschreibt Debbie Ford ihren eigenen Weg, wie sie schmerzlich mit ihrer Glücksbremse Kindheitsprägung konfrontiert wird, die Bremse löst und selbstbewusster und glücklicher daraus hervorgeht. Ein Buch, das Mut macht und Anregung gibt, ebenfalls diesen Weg zu gehen.

Zweites großes Hindernis:
Unsere Trägheit und gruppendynamische Prozesse

Ein weiterer Grund, warum tatsächlich Mut und Wille notwendig sind, den Entschluss zum ~ *GLÜCKLICHSEIN* ~ zu treffen, liegt in unserer Trägheit, etwas Neues zu beginnen. Der Wunsch nach Vertrautem, zu einer Gruppe zu gehören, sich anzupassen war über Jahrhunderte ein Überlebensvorteil beim Jagen in der Wildnis und dem damaligen Leben und ist genetisch festgelegt. Auch im 21. Jahrhundert tut es uns gut, Rituale zu zelebrieren, morgens das gleiche Frühstück, derselbe Weg zur Arbeit (fast unbewusst und eher automatisch), Treffen mit Gleichgesinnten beim Sport, Kontaktpflege über die neuen Medien: SMS, E-Mail und so weiter. Diese Routine spart Energie, aber sie verhindert oder erschwert unseren Weg zum ~ *GLÜCKLICHSEIN* ~.
Wir wollen „In-sein", dazugehören. Und wenn wir Neuland betreten wollen, werden wir mit oberflächlichen Sprüchen zurückgehalten: „Das ist doch was für den Kindergarten" oder: „Ich dachte, du wärst ein kritischer Intellektueller" oder: „Ein Rezept zum ~ *GLÜCKLICHSEIN* ~? Das gibt es sowieso nicht."

Um des lieben Friedens willen und um unsere Ruhe zu haben, passen wir uns an. Wenn wir uns wirklich auf den Weg machen würden, könnte das ja auch bedeuten, wir entfernen uns aus dem Kollektiv, wir werden ein Außenseiter, wir verpassen wichtige Insider-Infos.
Auch hier kann Angst aufkommen. Natürlich völlig unbegründet, denn erstens geht die Entwicklung langsam voran, zweitens ist ein glücklicher Mensch für alle, die mit ihm zu tun haben, ein Gewinn. Drittens könnte es durchaus sein, dass wir die Szene wechseln, wenn wir uns entwickeln. Wir weinen ja auch nicht dem Kindergarten nach, wenn wir in die Schule kommen. Und ebenso wenig werden wir einem Freundeskreis nachtrauern, wenn wir erkennen sollten, dass da nur gesoffen und „Dünnblech gebohrt" wird.
Aber das muss natürlich nicht so zutreffen. All diese Faktoren können zusammenkommen und unseren „inneren Schweinehund" dazu bringen, dass wir nichts ändern, uns nicht auf den neuen, unbekannten Weg zum *GLÜCKLICHSEIN* einlassen. Dabei ist es bereits seit einem halben Jahrhundert wissenschaftliche Erkenntnis, dass Menschen, die über Willenskraft verfügen (Entschlusskraft, Zielstrebigkeit, Durchhaltevermögen), am glücklichsten und erfolgreichsten sind.
Damals führte der Psychologe Walter Mischel an der Stanford-Universität folgendes Experiment durch: Er legte vierjährigen Kindern ein Stück Naschwerk hin, mit der Information, dass sie ein zweites bekämen, wenn sie mit dem Verzehr warten würden. Die meisten Kinder aßen den Leckerbissen sofort auf, nur die wenigsten hielten durch. Später im Erwachsenenalter zeigte sich: Wer schon als Kind über Selbstdisziplin verfügt hatte, verdiente später mehr Geld, lebte gesünder und in einer stabileren Partnerschaft als die impulsgesteuerten Sofortesser.
Die moderne Wissenschaft (Sozialpsychologen, Hirnforscher u.a.) ist sich einig: Menschen mit Willenskraft sind freier. Wer Selbstdisziplin aufbringt, schafft sich Handlungsalternativen, ist glücklicher. Auch wenn es paradox klingt, *GLÜCKLICHSEIN* erfordert die Fähigkeit zur Selbstbeschränkung, zum Verzicht, zum Nein. Wenn du bereits mit

Willenskraft auf die Welt gekommen bist, und deine Eltern dich zu Zielstrebigkeit und Durchhaltevermögen angeleitet haben, bist du schon auf deinem Weg zum ~ *GLÜCKLICHSEINS* ~. Du wirst mit Hilfe meines Buches sicher weiterhin ~ *GLÜCKLICHSEIN* ~ erleben und diese Kunst verfeinern.

Bist du jedoch eher willensschwach, kannst du diese Fähigkeit dennoch in kleinen erreichbaren Schritten entwickeln und trainieren. Berücksichtige dies bitte beim Resümee und beim Flussdiagramm am Ende eines jeden Kapitels und setze dir lieber kleinere Ziele. Wenn du erfolgreich bist, stärkt jeder noch so kleine Erfolg deine Willenskraft und dein ~ *GLÜCKLICHSEIN* ~.

Und jetzt kann es ganz konkret losgehen:

Der erste Schritt: Frage dich täglich alle 60 Minuten, ob du mit dir und deinem Leben im tiefsten Inneren wirklich glücklich und zufrieden bist. Bejahst du diese Frage, dann: herzlichen Glückwunsch. Dann kannst du dieses Buch lesen, einfach, um dich mit diesem Thema weiter zu beschäftigen. Vielleicht ist auch noch eine gute Anregung für dich dabei.
Wenn auf die obige Frage kein klares Ja kommt, dann mach dich auf den Weg beziehungsweise bleib auf dem Weg, bleib bei deinem Entschluss. Sei stolz auf dich, dass du diesen Weg zum ~ *GLÜCKLICHSEIN* ~ beschreitest. Es ist der schönste und lohnendste Weg in deinem Leben, und das solltest du dir gönnen aus Wertschätzung und Liebe dir selbst gegenüber.
Einen Entschluss gefasst zu haben und sich auf den Weg zu machen zu einem Ziel, das uns wertvoll ist, stellt schon einen Schritt in Richtung ~ *GLÜCKLICHSEIN* ~ dar. Wir können auch von Vorfreude sprechen oder vom Glück des Wollens. Dabei werden Dopamin und Endorphine im Gehirn ausgeschüttet, die das Glücksgefühl dann auch deutlich fühlbar machen. Diese Vorfreude kannst und sollst du jetzt täglich genießen.

Der nächste ganz wichtige Schritt ist es jetzt, dir täglich mindestens 15 Minuten Zeit für dich zu nehmen, ganz persönlich nur für dich. Gehe in dieser Viertelstunde in die Stille, lausche auf deine Seele. Sorge dabei dafür, dass du nicht gestört werden kannst. Wähle die für dich optimale Zeit, z.B. morgens vor dem Frühstück, nach dem Frühstück, nach der Arbeit, vor dem Abendessen .... Probiere dabei aus, was am besten für dich ist und bleibe dabei – täglich!
Es gibt viele Wege, Methoden oder Möglichkeiten, um still zu werden, um sich mit seiner Seele zu verbinden. Einige wenige möchte ich vorstellen. Du musst selber herausfinden, welche Methode für dich die beste ist. Es gibt zahlreiche Literatur und Kurse bzw. Seminare, die dir weitere Anregungen geben können.

Laotse:
„Die große Offenbarung ist die Stille."

ÜBUNG:

- Suche dir ein ruhiges, gemütliches Plätzchen, z.B. in deiner Wohnung.
- Setze dich bequem mit aufrechter Wirbelsäule auf einen Stuhl (Sitzkissen, Meditationsbänkchen oder Lotussitz sind ebenfalls günstig).
- Schließe deine Augen und öffne einen inneren Raum von Mühelosigkeit und Stille.
- Nimm den Fluss deines Atems wahr. Fühle, wie sich deine Bauchdecke beim Einatmen hebt und beim Ausatmen langsam wieder senkt.
- Fühle, wie du mit jedem Ausatmen ruhiger wirst, lockerer, gelöster.
- Lass zunächst vor deinem inneren Auge einen See auftauchen. Nimm ihn mit all deinen Sinnen intensiv wahr.
- Mache dir bewusst: Nur wenn der Wasserspiegel des Sees zur Ruhe kommt, kann ich auf den Grund des Sees schauen, und Wolken, Sonne, Mond und Sterne können sich auf der Oberfläche spiegeln ....
- Erkenne: Das gilt auch für mich. Nur wenn ich die Zerstreuung und Ablenkung, das Geplapper meines Verstandes zur Ruhe bringe, kann ich in die Tiefe meiner Seele blicken und ich kann sehen, wie das Göttliche sich in mir spiegelt.
- Verweile in stiller Kontemplation.
- Beende die Übung, indem du Arme und Beine reckst, streckst und dehnst, bewusst tief über deinen Bauch atmest und deine Augen wieder öffnest.
- Der Übergang zum normalen Sein kann mit folgenden Worten oder Gedanken erfolgen: Ich bin wieder hellwach, geistig und körperlich erholt, in Einklang mit mir und meinem Leben und auf dem Weg zum *GLÜCKLICHSEIN*.

Weitere Möglichkeiten:

- Meditiere über ethische Begriffe, wie beispielsweise Mitgefühl Aufrichtigkeit, Vertrauen, Dankbarkeit, Bescheidenheit ....

- Verbinde dich mit der Natur, z.B. bei einem Spaziergang, bei dem du die Bäume, Pflanzen, Vögel wirklich mit allen Sinnen wahrnimmst, ohne zu denken.

- Visualisierungsübungen: Beginne beispielsweise wie oben beschrieben und lasse dann andere Bilder auftauchen. Vielleicht einen Baum, einen Apfel, eine Kerze, eine Wiese .. .

- Singe Mantren, unter Umständen mit einer CD, die dir gefällt, und danach verweile in Stille.

- Spiele ein Musikinstrument, dabei solltest du nicht nach vorgegebenen Noten spielen, sondern deine eigene Melodie sich entwickeln lassen und danach wieder in Stille verweilen.

- Begrüße dich im Spiegel, lächle dir zu, gratuliere dir zu deinem Entschluss, *GLÜCKLICHSEIN* zu wollen und lobe dich für Fortschritte, beispielsweise: „Du siehst wirklich schon glücklicher aus!" und ähnliches mehr. Zolle dir Applaus: Klatsche dreimal in die Hände und lache (dein Gehirn belohnt dich mit einem Endorphin-Stoß).

Erfolgreich bist du, wenn du dabei weniger denkst beziehungsweise deinen Gedanken möglichst keine Beachtung schenkst. Schalte ab und höre auf dein Inneres, auf die Botschaft deiner Seele. Wenn du das regelmäßig tust, wirst du mehr und mehr du selbst, authentischer und glücklicher. Die nächsten Schritte (Kapitel 2 bis 6) werden sich dir spontan selber erschließen. So kann das Weiterlesen für dich zur Bestätigung deiner inneren Weisheit werden. Wenn du neugierig bist, kannst du natürlich auch vorher schon weiterlesen.

Mittlerweile sollte dein Entschluss „Ich will ~ *GLÜCKLICHSEIN* ~" bereits fühlbare Realität sein – klasse!
Schon der Weg zum ~ *GLÜCKLICHSEIN* ~ beglückt.

Überprüfe dich:

Wenn du den Politikern glaubst, sie wollten dein Bestes, sie würden tatsächlich Steuern senken und Bürokratie abbauen, und wenn du glaubst, die Politik wolle den Entwicklungsländern tatsächlich den Weg zu unabhängigen, selbstbewussten Demokratien ebnen, dann bist du noch in deiner kindlichen Überlebensstrategie gefangen. Du solltest dich daraus befreien, gegebenenfalls mit therapeutischer Hilfe. Auch das Lesen von kritischen Büchern kann dir vielleicht die Augen öffnen, beispielsweise das Buch von John Perkins: „Bekenntnisse eines Economic Hit Man, unterwegs im Dienst der Wirtschaftsmafia"!

Bist du allerdings bereits kritisch und glaubst nur, was du überprüft hast, dann lies solche Bücher nur, wenn sie zu deinem Berufsfeld gehören. Andernfalls wiegt die negative Energie schwerer als der Gewinn an Sachinformationen.

Gleiches gilt entsprechend auch im Gesundheitswesen. Wenn du bei Virusinfekten beispielsweise Vitamintabletten schluckst und Geld für Nahrungsergänzungsmittel ausgibst, dann bist du noch in deiner kindlichen Überlebensstrategie gefangen. Du solltest dich daraus befreien, gegebenenfalls mit therapeutischer Hilfe oder ein paar kritische Bücher lesen wie „Virus-Wahn" von Torsten Engelbrecht und Claus Köhnlein, oder „Korrupte Medizin" von Hans Weiss.

Wo stehst Du?

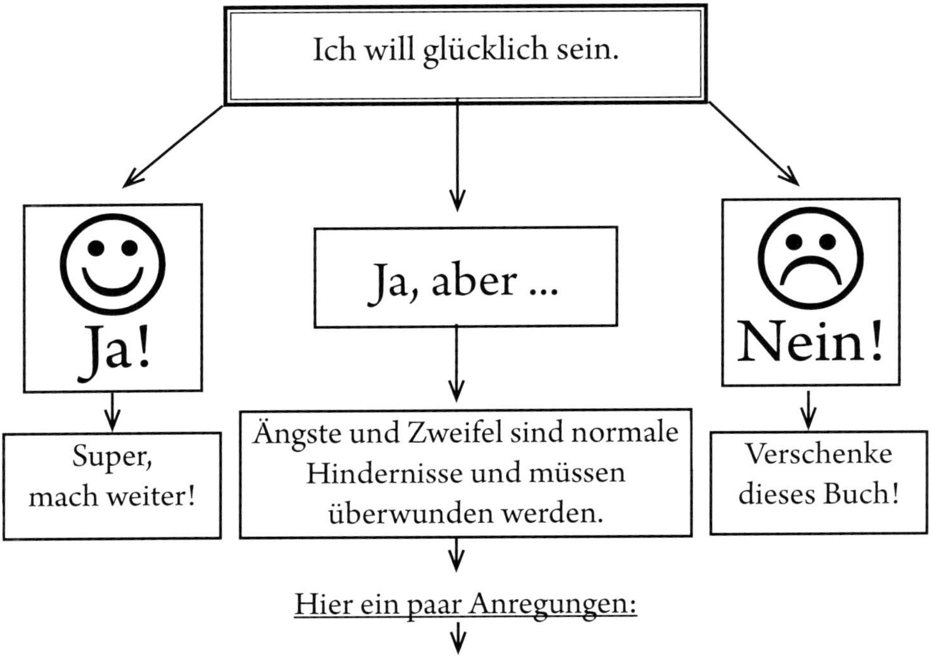

- Mir fehlt der Glaube. - Den brauchst du nicht, fang einfach an!
- Ich habe keine Zeit. - Doch, du hast jeden Tag 15 Minuten für dich!
- Ich habe ein schlechtes Gewissen. - Nicht nötig. Für Gott und jeden, der dich liebt, gibt es nichts Schöneres, als dich glücklich zu sehen!
- Ich will nicht als naiv belächelt werden. - Wenn du überzeugt bist, wird keiner lächeln!
- Ich will nicht egoistisch sein. - Wahre Selbstliebe wird nie egoistisch, sie dehnt sich immer auch auf die anderen aus!
- Ich bin es nicht wert. - Doch! Der wichtigste Grund deines Seins ist das ~ *GLÜCKLICHSEIN* ~!

Durch das Fühlen und Erkennen deiner Blockaden verlieren sie bereits an Macht. Weitere Hilfsangebote im Flussdiagramm zu II auf Seite 52.

Resümee

- Täglich nehme ich mir eine Viertelstunde Zeit für meinen Weg zum ~ *GLÜCKLICHSEIN* ~.

- Einmal wöchentlich mache ich Bestandsaufnahme. Ich lobe mich und freue mich über meine Fortschritte.

- Einmal wöchentlich setze ich mir ein Ziel für die nächsten sieben Tage.

- Ich vergesse nicht: Ich will ~ *GLÜCKLICHSEIN* ~.

- Auf einen markanten Platz, den ich täglich häufig sehe (beispielsweise auf meinen Spiegel, in mein Tagebuch, auf meinen Laptop), schreibe ich: Ich bin auf dem Weg zum ~ *GLÜCKLICHSEIN* ~.

- Wenn ich bereit bin und voller Neugier, mache ich weiter mit Kapitel II.

II. Die Machtübernahme

1. Es gibt keine objektive Wirklichkeit.

2. Mit deinen Gedanken und Vorstellungen gestaltest du deine momentane Wirklichkeit.

3. Mit der bewussten Wahl deiner Gedanken und Vorstellungen kannst du deine Wirklichkeit zielführend gestalten, d.h. hin zu mehr *GLÜCKLICHSEIN*.

   a. Statt dich selbst zu verurteilen, entwickelst du die Fähigkeit zur eigenen Wertschätzung.

   b. Statt Selbstsabotage, erlernst du Selbstliebe, die Fähigkeit, dir selbst Gutes zu tun.

   c. Anstatt dich ausnutzen zu lassen, lernst du, anderen Grenzen zu setzen.
   Durch bewusste Aufmerksamkeitslenkung und die Wahl positiver Gedanken, Aspekte und Perspektiven wirst du zum Schöpfer deiner Wirklichkeit, deines *GLÜCKLICHSEINS*.

4. Ein paar wichtige Grundregeln zum positiven Denken, auch, um Fehler zu vermeiden.

II. Die Machtübernahme

Dalai Lama:
„Das menschliche Potential, sich zu entwickeln, ist wie ein Schatz, der uns glücklich machen kann".

Wenn du den Entschluss gefasst hast, ~ ***GLÜCKLICH SEIN*** ~ zu wollen (Kapitel I),ist der nächste Schritt, die Macht in deinem „Oberstübchen" zu übernehmen. Wir gehen nämlich in aller Regel davon aus, die Wirklichkeit zu kennen. Wir gehen davon aus, unsere Gedanken entsprängen der Realität und wir könnten sie als zuverlässigen Wegweiser durch unser Leben nutzen. Das ist jedoch leider (oder zum Glück) ein großer Irrtum.

Dalai Lama:
„Unser Geist schafft die Welt, in der wir leben".

Beginnen wir mit der sogenannten materiellen Welt. Anhand einiger Phänomene aus der Optik möchte ich meine Gedanken verdeutlichen. Wir glauben, wenn wir Grün sehen, sähen alle das Gleiche. Schon hier irren wir.
Ein konkretes Beispiel aus meiner Praxis: Im Rahmen einer Jugendarbeitsschutz-Untersuchung diagnostiziere ich bei einem jungen Mann eine Rot-Grün-Schwäche. Er ist völlig überrascht davon und erzählt es seinem jüngeren Bruder; dieser neckt ihn die nächsten Jahre deswegen und tituliert ihn als „blindes Huhn". Jahre später kommt der jüngere Bruder selbst zur Jugendarbeitsschutz-Untersuchung, und siehe da: Er hat ebenfalls eine Rot-Grün-Schwäche! Er hat seinen älteren Bruder drei Jahre lang wegen seiner „Blindheit" aufgezogen, jetzt muss er erkennen, dass er genauso „blind" ist wie dieser. Wie wirklich ist also unsere Wirklichkeit?

Wenn wir uns genauer mit dem Phänomen „Sehen“ beschäftigen, wird das Ganze noch komplizierter. Unsere Nervenzellen greifen ein seitenverkehrtes, auf dem Kopf stehendes Bild der „Wirklichkeit“ auf unserer Netzhaut ab. Dies geschieht nicht exakt Punkt für Punkt, sondern hier wird bereits verschaltet: Beispielsweise werden gerade Linien erkannt und als solche Information ins Gehirn weitergeleitet; Kontraste werden ebenfalls bereits in der Netzhaut verstärkt und so weitergeleitet und anderes mehr. Diese veränderten Daten werden in die Sehrinde unseres Großhirns geleitet, wo unsere „Wirklichkeit“ rekonstruiert und mit einer gewissen Zeitverzögerung bewusst wird. Die unterschiedlichen Bilder aus dem rechten und linken Auge werden dann auch noch in der Sehrinde so verarbeitet, dass wir Räumlichkeit erleben!

Die Erforschung und Erkenntnis unseres Sehens hat schließlich zur Entwicklung der 3D-Filme geführt, in denen wir perfekte Räumlichkeit erleben. Hier ist die Illusion der Dreidimensionalität bewusst und gewünscht und bekräftigt unsere Frage: Wie wirklich ist unsere „Wirklichkeit“ wirklich?

Andere Lebewesen nehmen ein anderes Lichtspektrum wahr, was wir uns kaum noch vorstellen können.

Wenn wir gar ins Mikroskop schauen, dann können wir die glatte Oberfläche eines für uns festen Gegenstandes kaum wiedererkennen, ist sie doch jetzt beispielsweise rau und behaart. Im Elektronenmikroskop kann eine für uns glatte Oberfläche unter Umständen wie ein Tannenwald nach einem Wirbelsturm erscheinen. Der uns immer noch fest erscheinende Körper ist bei weiterer Vergrößerung ein riesiger „leerer Raum“, in dem ein paar kleine Elektronen um einen winzigen Kern aus Neutronen und Protonen kreisen, ähnlich wie im „leeren Weltall“ ein paar kleine Planeten um eine winzige Sonne kreisen.

Das Licht, das uns von der Existenz der Sonne kündet, ist Korpuskel oder Welle, je nachdem, welche Frage wir an das Licht stellen: Gehen wir von der materiellen Natur des Lichtes aus, können wir dies mit entspre-

chenden Experimenten beweisen. Gehen wir aber von der energetischen Natur des Lichtes aus, so können wir auch dies mit entsprechenden Experimenten beweisen. Die Natur des Lichtes als Energie oder Materie wird also von unserer Erwartung bestimmt! Wie wirklich ist also die Wirklichkeit?
Ich empfehle dem interessierten Leser entsprechende Fachliteratur, um sich mit den faszinierenden Phänomenen des Sehens ausführlicher zu beschäftigen. Für den Weg zum ~ *GLÜCKLICHSEIN* ~ mögen diese wenigen kurzen Ausführungen genügen.
Mit unseren anderen Sinnen verhält es sich entsprechend. Was wir hören, ist in unserem Hörzentrum im Großhirn konstruiert aus den Schwingungen unserer beiden Trommelfelle, ausgelöst durch Schallwellen, also unterschiedliche Luftdrücke. In der Stereophonie nutzen wir diese Erkenntnisse und schaffen den Eindruck räumlichen Hörens. Wie wirklich ist also unsere Wirklichkeit?

Ich möchte, ohne noch auf die anderen Sinnesorgane näher einzugehen, ein Beispiel aus dem täglichen Leben der Wirklichkeitsillusionen schildern: Die Situation war durchaus dramatisch: Der 26-jährige Mann zitterte am ganzen Körper, schwitzte stark, sein Blutdruck war auf 80/40 abgesackt, der Ruhepuls lag bei 110 pro Minute. Seine Freundin sagte, er habe sich mit Antidepressiva umbringen wollen, 29 Tabletten habe er geschluckt. Die Ärzte in der Notaufnahme versuchten verzweifelt herauszufinden, um welchen Wirkstoff es sich handelte. Der depressive junge Mann hatte an einer Medikamentenstudie teilgenommen, Nachforschungen ergaben endlich: Die Tabletten enthielten gar keinen Wirkstoff. Der Mann war in der Placebogruppe.
An diesem Beispiel illustrierte die Privatdozentin Ulrike Bingel beim Neurologenkongress in Hamburg, welche Kraft die Imagination der Patienten bei einer ärztlichen Therapie hat, sowohl im Positiven als auch im Negativen. (Ärztezeitung 2012)

Dalai Lama:
„Unser größtes Problem ist, dass wir unsere Gedanken für wahr halten".

Es ist also wichtig, dass du dir immer wieder bewusst machst: Meine Wirklichkeit ist nicht unbedingt die Wirklichkeit eines anderen, ja, sie kann sogar sehr unwirklich sein. Für einen fortgeschrittenen Buddhisten ist die materielle Wirklichkeit eine Illusion, für ihn liegt die wahre Wirklichkeit in der jenseitigen geistigen Welt.
Ich komme im nächsten Kapitel noch ausführlicher auf einen weiteren wichtigen Aspekt unseres Denkapparates zu sprechen, hier möchte ich aber schon darauf hinweisen, dass unser Verstand nicht in der Lage ist, uns als Wegweiser zum ~ ***GLÜCKLICHSEIN*** ~ zu dienen. Ob zum Beispiel der neue Job für uns richtig ist, kann der Verstand nicht klären, er findet mühelos 10 oder 20 Gründe dafür und genauso mühelos auch 10 oder 20 Gründe dagegen. Wenn ich eine Entscheidung in Übereinstimmung mit meiner Seele getroffen habe, erst dann kann der Verstand hilfreich sein, nämlich beim Umsetzen, beim Realisieren der Entscheidung, beim Wählen des nächsten Schrittes.

Der nächste wichtige Schritt auf dem Weg zum ~ ***GLÜCKLICHSEIN*** ~ ist die Erkenntnis der Unwichtigkeit, ja der Unwirklichkeit deiner Gedanken. Dazu solltest du das folgende Experiment machen: Nimm einen Stift und genügend Papier und beginne alles aufzuschreiben, was dir in den Kopf kommt, beziehungsweise was dir durch den Kopf geht. Wenn du nicht schnell genug schreiben kannst, benutze Abkürzungen oder Stichworte. Die Übung sollte mindestens eine halbe Stunde dauern, also noch nicht einmal 4% deiner täglichen Wachzeit. Wenn du fertig bist, liest du, was du geschrieben hast.

Du wirst erkennen, dass dein Verstand ständig am Plappern ist!

„Wir selbst sind die Produzenten unseres eigenen Kopfkinos, und wir allein sind für die Inhalte der Filme verantwortlich, die in unserem Kopf ablaufen".

Doris Iding:
„Der Angst ein Lächeln schenken"

Und hier beginnt deine Machtübernahme. Prüfe deine Gedanken, ob sie deinem ~ ***GLÜCKLICHSEIN*** ~ dienlich sind oder eher hinderlich, d.h. deinem Weg zum ~ ***GLÜCKLICHSEIN*** ~ eher im Wege stehen. Sollte Letzteres der Fall sein, ersetze sie durch positive, zielführende Gedanken, die dir auf dem Weg zum ~ ***GLÜCKLICHSEIN*** ~ hilfreich sind. Korrigiere deinen niedergeschriebenen Gedankenfluss schriftlich durch positive Formulierungen. Später, wenn du weitere Erfahrung mit Umformulieren gemacht hast, kannst du an deinen positiven Formulierungen weiter feilen oder noch bessere einfügen.

Die Zunahme von depressiven Erkrankungen und Angsterkrankungen ist unter anderem damit zu erklären, dass wir dem negativen Geplapper unseres Verstandes keinen Riegel vorschieben. Diese Erkrankungen gibt es weder bei Tieren noch bei kleinen Kindern, die noch Kind sein dürfen und noch nicht Opfer ihres Denkapparates sind. Der unkontrolliert plappernde Verstand öffnet die Tür zu diesen Erkrankungen. „Leichte Vorerkrankungen" sind die weit verbreitete Negativität und Angstbereitschaft in unserer Gesellschaft, wo real existierende Bedrohungen doch eher die absolute Ausnahme sind. Wir Deutsche sind die am „besten" versicherte Bevölkerung auf unserem Planeten, oder vielleicht sollte ich besser sagen, die Bürger mit den meisten überflüssigen Versicherungen. Dieses Zerrbild der Welt ist sicherlich mitbedingt durch die ständige Überflutung mit negativen Informationen durch die Medien.

Der nächste wichtige Schritt zu deiner Machtübernahme ist es, täglich immer mehr im „Sein“ zu sein. Mit diesem reinen Seinszustand meine ich einen Zustand, in dem wir vom Plappern unseres Verstandes nicht gestört werden, wo wir nicht denken oder nur positive Gedanken pflegen, die unserem ~ *GLÜCKLICHSEIN* ~ dienlich sind.

Am leichtesten gelingt dies, wenn du dein Sein mit Tun und Wahrnehmen verbindest. Relativ leicht gelingt dies, wenn du durch die Natur wanderst, nicht auf befestigten Wegen, sondern besser querfeldein und dabei alles ganz intensiv mit allen Sinnen wahrnimmst. Da darf die Vergangenheit nicht stören (z.B.: das kenn ich schon...) und ebenso wenig die Zukunft (z.B.: hoffentlich sieht mich keiner...). Lass dich berühren beim Anfassen und Fühlen, staune über die Vielfalt und Schönheit der Formen, die unzähligen Gerüche, die vielfältigen Geräusche, Töne und Laute. Beziehe auch deinen Geschmackssinn in diese Wahrnehmung mit ein. Wenn es dir dabei gelingt, nicht zu denken, nicht zu urteilen, nicht zu bewerten, hast du reines „Wahr-Nehmen“ erfahren (Dies ist bereits Inhalt von Kapitel III).

Das ist gemeint, wenn es in der Bibel heißt: „Wenn ihr nicht werdet wie die Kinder, kommt ihr nicht ins Himmelsreich (auf Erden)“. Mit anderen Worten: Wahrnehmen, wie ich es hier beschrieben habe, ist ein wichtiger Schritt zum ~ *GLÜCKLICHSEIN* ~.

Dieses Wahrnehmen dehnt sich mit zunehmender Erfahrung immer mehr aus: wenn du duschst, dann duschst du, wenn du isst, dann isst du und so weiter. Das führt auch dazu, dass du dann beim Frühstücken nicht mehr die Zeitung lesen möchtest, nicht mehr vom Fernseher abgelenkt werden möchtest und auch noch nicht an das weitere Tagesprogramm denken willst. Du möchtest einfach schmecken, riechen, fühlen, was auf dem Tisch ist, einfach frühstücken. (Mehr dazu im Kapitel III: Urteilsfreie Präsenz). Und mit der Zeit wird sich Dankbarkeit für die leckeren Geschenke der Natur einstellen, du wirst erfahren, dass es sich im Grunde um ein großes Wunder handelt, und es wird sich Demut gegen-

über der Natur einstellen. (Damit sind wir schon mitten in Kapitel V. Am Ende ist ohnehin alles eins, die sechs Schritte zum ~ ***GLÜCKLICH-SEIN*** ~ verschmelzen zu einer Einheit.)
Wenn du so also bewusster dein Essen wahrnimmst, wirst du dir keine „Pferde-Lasagne" und kein Gammelfleisch mehr antun. Du wirst feststellen, dass Biogemüse viel schmackhafter ist, und du wirst gerne auf Hollandtomaten verzichten. Du wirst dir also immer öfter Gutes tun: Du wirst leckeres Essen bevorzugen, lieber ein gutes Buch lesen als eine Klatschzeitung.
So entwickelst du mühelos deine Fähigkeit zur eigenen Wertschätzung. Solltest du dich bei negativen Gedanken ertappen, wirst du sie immer öfter durch positive ersetzen können. Durch deine bewusste Aufmerksamkeitslenkung wirst du immer mehr Anlass zu positivem Wahrnehmen, Denken und Fühlen haben. Negative Gedanken werden immer seltener oder überhaupt nicht mehr aufkommen. Du wirst das Geplapper deines Verstandes nicht zu ernst nehmen und lernen, deine Aufmerksamkeit dahin zu lenken, wo positives Denken stattfinden kann. Du wirst also langsam zum Optimisten.
Je mehr du dich und deine Gefühle wahrnimmst und wertschätzt, desto mehr wirst du auch deine Mitmenschen wahrnehmen und wertschätzen und immer weniger be- und verurteilen (Womit du bereits die Inhalte von Kapitel III praktizierst).
Die Zunahme der Wertschätzung aller wird dazu führen, dass du statt „ja, aber" immer häufiger „ja" oder „nein" sagen wirst. Du wirst dem anderen Grenzen setzen können und dich nicht ausnutzen lassen. Du wirst dich nicht mehr darüber ärgern, „ja" gesagt zu haben, wenn du eigentlich hättest „nein" sagen wollen. Dein Umgang mit dir und den anderen wird immer mehr von Liebe, Achtung und Mitgefühl geprägt sein (das heißt, du praktizierst bereits die Inhalte von Kapitel IV!).

Die meisten Menschen, besonders die weiblichen, machen sich ja bereits morgens fertig, wenn sie in den Spiegel schauen. Du solltest dir statt dessen lieber ein paar Komplimente machen und dir etwas Aufbauendes sagen.

Statt: „Wie siehst du denn heute wieder aus!" lieber: „Du siehst gut aus!"
Statt: „Wieder mehr graue Haare!" besser: „Du wirst reifer!"
Statt: „Voller Falten!" in Zukunft beispielsweise: „Dein Leben hat dich zu etwas Einmaligem geformt!"
Statt: „Du schon wieder!" in Zukunft: „Ich wünsche dir einen tollen Tag!"

Ich empfehle dir, mit Formulierungen zu experimentieren, bis du die positive Wirkung der gewählten Begrüßung deutlich spürst und lächeln musst. Oft ist es auch hilfreich, diese Begrüßung beispielsweise direkt auf den Spiegel zu schreiben. Sei einfach kreativ, vielleicht ist es für dich gut, einen Link auf deinem Laptop zu installieren oder ....

Wie ich hier dargelegt habe, kannst du also mit richtigem „positivem Denken" auf dem Weg zum ~ *GLÜCKLICHSEIN* ~ relativ leicht vorankommen; du musst jedoch aufpassen und dabei häufig gemachte Fehler vermeiden.

Zunächst ist es unumgänglich, die **Grundregeln der positiven Visualisierung** zu berücksichtigen:

- Es gibt keine negative Visualisierung! Beispielsweise wirst du auf die Aufforderung: „Stelle dir jetzt keinen rosaroten Elefanten vor!" mit der Visualisierung eines rosaroten Elefanten reagieren. Das heißt, Vorstellungen oder Affirmationen mit Verneinungen wie „nicht", „nie", „kein" oder ähnlich musst du unbedingt vermeiden. Beim Überqueren einer vereisten Wegstrecke solltest du beispielsweise negatives Denken vermeiden wie: „Hoffentlich rutsche ich nicht aus", besser: „Ich komme sicher und fit ans Ziel." Ein weiteres Beispiel: „Hoffentlich steckt mich der kranke Arbeitskollege nicht an", besser die Vorstellung: „Mein tolles Immunsystem gewährleistet mir weiterhin beste Gesundheit."

- Weiterhin ist es wichtig, das Gesetz der Resonanz zu kennen und zu nutzen. Wenn ich beispielsweise, wie oben beschrieben, liebevoller mit mir umgehe, werde ich allmählich auch liebevoller mit anderen umgehen und ich werde mit liebevollen Menschen in Resonanz kommen. Da Gleiches auch Gleiches anzieht, werde ich mehr liebevollen Kontakt mit lieben Menschen haben.

- Du musst achtsam sein und auch das Gesetz der Polarität berücksichtigen. Wenn du dir also mehr Liebe in deinem Leben wünschst, weil du das Gefühl hast, zu wenig davon zu haben, dann strahlst du Mangel aus, und Mangel an Liebe ist eben Lieblosigkeit! Nach dem Gesetz der Polarität wirst du also Menschen anziehen, die lieblos mit dir umgehen werden. Damit hast du das Gegenteil von dem erreicht, was du dir gewünscht hast: Du wirst also eher unzufriedener und unglücklicher als zuvor, statt die ersehnte Liebe in dein Leben zu bringen.

- Weiterhin musst du vermeiden, etwas gewinnen oder festhalten zu wollen, was dir vom Leben nicht bestimmt ist. Es ist nicht nur unmöglich zu erlangen, es ist auch sinnlos, weil es dich ohnehin nicht glücklich machen würde. Später, wenn du Kapitel V und VI durchgearbeitet hast, wird dir dieses Gesetz klarer und verständlicher sein.

Bei der Fülle der zurzeit vermarkteten „Wünsch dir was"-Bücher möchte ich noch ein paar Bemerkungen zu diesem Thema machen. Das Zitieren von 50 positiven Leserzuschriften in der Neuauflage beweist ja eher die Unwirksamkeit der angepriesenen Methode! Wenn wir von einer Auflage von 500 000 ausgehen, wäre das ja nur einer von zehntausend, und wer gibt schon gerne zu, dass es bei ihm nicht funktioniert hat.
Außer den oben genannten Gesetzmäßigkeiten muss ein Wunsch auch von Liebe getragen sein und zum Wohle aller Beteiligten beitragen, also die von mir in Kapitel III bis VI vorgestellten Kriterien erfüllen. Bleibe also bei diesem Buch, das du in den Händen hältst, dann sind deine Erfolgsaussichten optimal.

Swami Vivekananda:
„Dies ist die glorreiche Seele, an die wir glauben müssen. Daraus wird Kraft entstehen. Was auch immer du denkst, das wirst du sein. Denkst du an dich als schwach, wirst du schwach sein; denkst du an dich als stark, wirst du stark sein. Hältst du dich für unrein, wirst du unrein sein; hältst du dich für rein, wirst du rein sein. Dies lehrt uns, uns nicht als schwach anzusehen, sondern als stark, allmächtig und allwissend. Auch was ich noch nicht zum Ausdruck gebracht habe, ist doch in mir. Alles Wissen ist in mir, alle Macht, alle Reinheit und alle Freiheit. Warum kann ich dieses Wissen nicht zum Ausdruck bringen? Weil ich nicht daran glaube. Lass mich daran glauben, und es muss und wird sich erweisen. Das ist es, was die Vorstellung vom Unpersönlichen lehrt".

Wegen der Wichtigkeit dieser Gesetzmäßigkeiten möchte ich die Umsetzung mit einem konkreten Beispiel verdeutlichen: Ich sehne mich nach einer tiefen, erfüllenden Freundschaft, in der ich mich verstanden und angenommen fühlen kann. Mein (falsches) hinderliches, altes Programm ist auf das Fehlen dieser Freundschaft ausgerichtet, also auf einen Mangel. Das macht mich unzufrieden und unglücklich, und diese Qualitäten strahle ich auch aus. Für einen möglichen Freundschaftspartner bin ich aber mit einer derartigen Ausstrahlung nicht besonders anziehend, für eine Kontaktaufnahme damit eher unattraktiv.

Mit der im Folgenden vorgestellten Übung kannst du deine Ausstrahlung und damit deine Erfolgsaussichten deutlich verbessern.

ÜBUNG:

- Suche dir einen ruhigen Ort und sorge dafür, dass du nicht gestört werden kannst.
- Nimm eine bequeme, aufrechte Haltung ein und schließe deine Augen.
- Öffne einen inneren Raum von Mühelosigkeit und Stille.
- Nimm den Fluss deines Atems wahr.
- Fühle, wie du bei jedem Ausatmen ruhiger wirst, lockerer, gelöster.
- Erinnere dich an die Person, mit der du die innigste Vertrautheit deines bisherigen Lebens erfahren hast.
- Versinke tief in dieser Erinnerung, lass alle deine Sinne an dieser Erfahrung teilnehmen. Lass besonders deine damaligen Gefühle wieder lebendig werden.
- Genieße diese tiefe Vertrautheit, das Angenommensein, das Glücksgefühl.
- Erkenne: Diese Gefühle, diese Qualitäten sind in dir, diese Erfahrung möchtest du mit einem anderen Menschen teilen, du möchtest von deiner Fülle abgeben.

- Wenn dir diese wunderbaren Gefühlsqualitäten richtig präsent sind, stelle dich darauf ein, diese Übung langsam zu beenden. Nimm diese Gefühle mit in dein Tagesbewusstsein.

- Komme in deiner Zeit wieder ins Hier und Jetzt und öffne langsam deine Augen, recke und strecke Arme und Beine und nimm ein paar tiefe Atemzüge über deinen Bauch.

Jetzt überlege dir, mit welchen Menschen (notfalls kann es auch mal ein Haustier sein) du heute wenigstens ein bisschen diese intensiven Freundschaftsgefühle teilen und erleben möchtest. Mit deiner jetzigen Ausstrahlung sind deine Erfolgsaussichten wesentlich gestiegen.

Auf welche Weise könntest du anknüpfen, in Kontakt kommen? Erlaube dir, kreativ zu sein, und vergiss dabei nicht: Tiefe Freundschaft entsteht, wenn du die Bedürfnisse des anderen wahrnimmst, wenn du dich seinen Wünschen öffnest, wenn du dich einfühlst und mitfühlst. Sei mit Ratschlägen eher zurückhaltend, wenn notwendig, genügt eine Anregung oder ein Impuls. So kann über Annahme und Mitgefühl eine Freundschaft entstehen, die Tiefe und Erfüllung bringt, Glücksmomente auf deinem Weg zum ~ *GLÜCKLICHSEIN* ~.

Positive Visualisierung ist Teil deines ~ *GLÜCKLICHSEINS* ~.

Wo stehst Du?

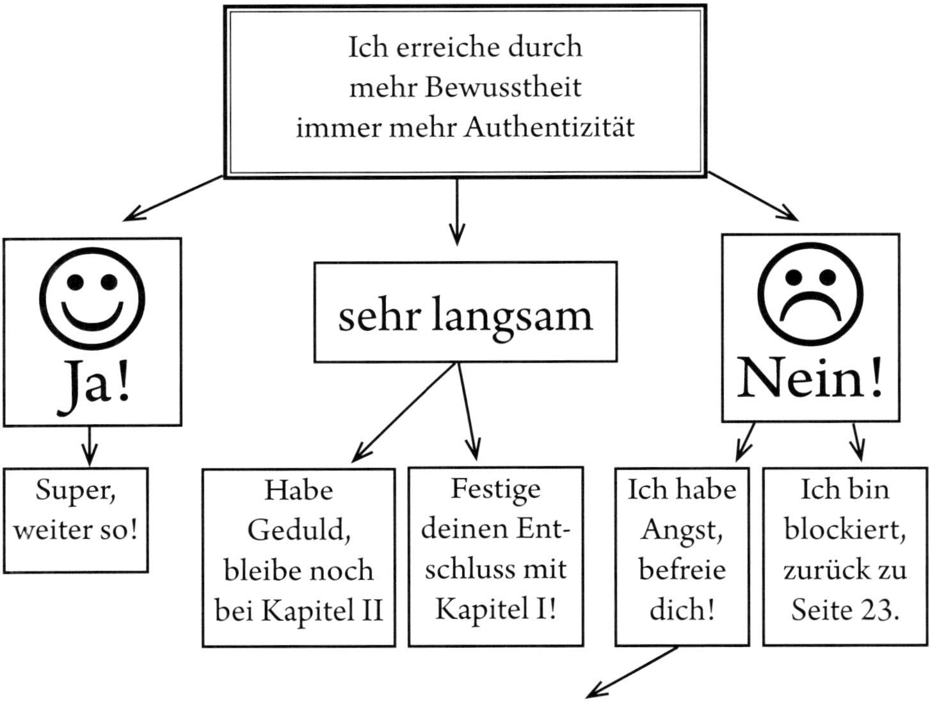

- Meine Zeit ist vorbei. - Rückzug!
- Das schaffe ich nicht. - Selbstzweifel!
- Was werden die Leute von mir denken - Anpassungsbedürfnis!
- Aber was, wenn es sich doch als falsch erweist? - Zweifel!
- Keiner soll wissen, wie es in meinem Inneren aussieht. - Angst vor Verletzung!
- Warum sollte ausgerechnet ich etwas ändern? - Abwehr!
- Ich habe schon genug bewältigen müssen. - Selbstmitleid!
- Was soll ich eigentlich wollen? - Verwirrung!

Wenn du alleine nicht weiterkommst, dann suche dir professionelle Hilfe. Unsere Seminare „FREUDE IM SEIN“ sind ebenfalls eine Möglichkeit.

Resümee

- Täglich nehme ich mir mindestens eine Viertelstunde Zeit für meinen Weg zum ~ *GLÜCKLICHSEIN* ~.

- Ich werde mehr und mehr über meine Gedanken und Vorstellungen selbstbewusst entscheiden.

- Ich übe mich in Aufmerksamkeitslenkung.

- Ich freue mich über jeden positiven Gedanken.

- Wenn ich mich bei negativem Denken „erwische", gelingt es mir immer öfter, es durch positives Denken zu ersetzen.

- Mit zunehmender Selbstliebe fällt es mir auch leichter, anderen Grenzen zu setzen.

- Ich lobe mich und freue mich über meine Fortschritte.

- Einmal wöchentlich mache ich eine Bestandsaufnahme und setze mir erreichbare Ziele für die nächste Woche.

- Wenn ich genügend Neugierde und Vorfreude verspüre, mache ich weiter mit Kapitel III.

III. Urteilsfreie Präsenz

1. Durch deine ständig ablaufenden Gedanken reduzierst du deine aktuelle Präsenz.

2. Mit dem „Wissen“ aus der Vergangenheit, das du über die Zukunft stülpst, entfernst du dich aus dem Jetzt.

3. Aus dem ständigen Bewerten entstehen Selbstverurteilung und Verurteilung anderer.

4. Ständiges Grübeln führt zu Angst und Depressivität.

5. Wenn du akzeptierst, dass alles gut ist, wie es ist,
   * dann kannst du dir und anderen verzeihen.
   * dann wird sich bei dir innerer Friede ohne Groll einstellen.
   * dann wirst du, durch das Absinken deiner Stresshormone, Entspannung und Beglückung erfahren.

6. Gedanken wie: „Ich wäre ja glücklicher, wenn .....“ oder Entschuldigungen wie: „ja, aber .....“ sind Ausdruck von Selbstsabotage.

III. Urteilsfreie Präsenz

Thich Nhat Hanh:
„Achtsamkeit, das heißt vollkommene Präsenz, ist die Grundvoraussetzung für wirkliches Leben, denn wenn du nicht hundertprozentig bei dir bist, geht das Leben an dir vorbei."

Ein ganz entscheidender Grund für unser mangelndes *GLÜCKLICHSEIN* ist die Abwesenheit von Aufmerksamkeit für das, was gerade hier und jetzt ist. Das beginnt morgens nach dem Aufwachen mit Gedanken wie: „Gestern habe ich vergessen, dies oder das zu erledigen. Ich habe vergessen, Herrn Müller etwas Wichtiges zu sagen. Ich hätte gestern ...." und so weiter. Es können ebenso gut Gedanken aufkommen über das, was wir heute oder morgen erwarten. „Woran muss ich heute unbedingt denken? Was muss ich erledigen? Was darf ich auf keinen Fall vergessen?" und so weiter. Wir schaffen uns eine „to do"-Liste im Kopf, eventuell auch schriftlich.
„Ich muss unbedingt noch Herrn Meyer an den Termin erinnern. Ich muss noch mit .... telefonieren. Stimmt meine Vermutung, dass irgendetwas Negatives über mich erzählt wird? Hat nicht Frau Schneider gestern so komisch geguckt? Ich habe schon gar keine Lust mehr auf den ganzen Scheiß. Am liebsten würde ich mich krankschreiben lassen ..." und so weiter.
Ich stehe entsprechend gelaunt auf und sehe mich im Spiegel: „Wie siehst du denn heute wieder aus, vielleicht bist du ja wirklich krank? Hattest du nicht gestern so ein komisches Ziehen in der Brust?" und so weiter.
Du überwindest dich, ziehst dich an, ein mehr oder weniger gutes Styling, und weiter geht's mit dem Frühstücken. Das alles läuft irgendwie automatisch ab. Beim Frühstücken vielleicht noch schnell die Tageszeitung, ein Blick aufs Handy, E-Mail-Eingänge checken und auf geht's zum Arbeitsplatz. Dort angekommen, kannst du dich oft gar nicht mehr daran

erinnern, wie du eigentlich dorthin gekommen bist, so warst du mit deinen Gedanken beschäftigt. Und so geht es den ganzen Tag weiter, ist es nicht so oder so ähnlich?

Ich bitte dich, achte in den nächsten Tagen ganz bewusst darauf, ob du beim Duschen wirklich unter der Dusche stehst, ob du das warme Wasser an deinem Körper hinunterfließen spürst. Wie fühlt es sich an, wenn das Wasser auf deinen Körper trifft? Wenn du dich wäschst, fühlst du dann deinen Körper? Welche Geräusche entstehen beim Duschen? Singst du oder duschst du stumm? Was für Gerüche nimmst du wahr? Und so weiter.
Nimm dein Frühstuck ebenfalls einmal mit voller Achtsamkeit ein. Teste dein Frühstück, als wäre es das erste Mal in deinem Leben. Wie riecht das Brötchen? Duftet es frisch und knusprig (wie früher), oder eher nach Zusatzstoffen? (Der Kunde weiß nicht, wo die Backrohlinge herkommen – aus China!)
Wie schmeckt es? Hast du eher das Gefühl, luftige Pappe mit Zusatzstoffen und Geschmacksverstärkern im Mund zu haben als ein leckeres Brötchen? Wenn du geschmackssensibel bist, kannst du unterscheiden, ob die Butter von „glücklichen Kühen" stammt, die auch öfter auf bunten Wiesen grasen durften, oder von Kühen aus Tierfabriken! Ebenso groß sind die Unterschiede beim Brötchenbelag. Marmelade kann beispielsweise flach und süß schmecken, oder aber voller Fruchtaroma, so lecker, dass das Bild der Frucht, wie sie reif und saftig in der Sonne leuchtet, vor dein inneres Auge tritt!
Dein Leben findet nur im Hier und Jetzt statt, du kannst es genießen oder unbewusst verstreichen lassen. Du allein entscheidest, ob du dein Frühstück zu einem Fest der Sinne machen, oder ob du es achtlos und gedankenverloren verpassen willst! Das, was im Laufe des weiteren Tages noch auf dich zukommen wird, kommt sowieso, warum also auf Freude und Genuss verzichten? Wenn du deinen Tag bereits mit intensiven, freud-

vollen und genussreichen Erlebnissen begonnen hast, wird der weitere Tag eben leichter, positiver und erfolgreicher verlaufen, vor allem, wenn es dir gelingt, auch weiterhin im Hier und Jetzt zu sein.

Mit unseren Gedanken holen wir uns die Vergangenheit und projizieren sie auf die Zukunft, was die Gegenwart und die Lebendigkeit zerstört. Ein Erlebnis aus meiner Kindheit soll dies verdeutlichen:
Mein Vater, ein egozentrischer Choleriker, verzichtete häufig auf Butter, weil er der Werbelüge glaubte, Margarine sei gesünder. Zu einigen Gerichten gehörte aber einfach „gute Butter", und darauf bestand er dann auch. War in diesen Fällen aber keine Butter im Haus, gab es Terror, der uns allen die Laune und den Appetit verdarb.
Eines Tages war es mal wieder so weit: Es musste Butter auf den Tisch, es war aber keine im Haus! Der zu erwartende Terror schlug uns Geschwistern aufs Gemüt. Da hatte einer von uns die Idee, eine Butterattrappe zu kreieren. Sollte der „Betrug" auffliegen, würde es Terror geben, bliebe er jedoch unentdeckt, hätten wir unseren Frieden. Würden wir jedoch nichts unternehmen, wäre uns der Terror sicher. Ich formte also aus Margarine ein quaderförmiges 125g „Butterstück" und legte es auf die Schale der Butterdose, stellte sie neben den Teller meines Vaters und harrte aufgeregt auf das bevorstehende Essen. Mein Vater verspeiste die „gute Butter", ohne etwas zu bemerken, und wir atmeten erleichtert auf.
Wäre mein Vater im Hier und Jetzt gewesen, hätte er geschmeckt, was er isst. Wäre er ohne Urteil und ohne Erwartung gewesen, hätte er außerdem feststellen müssen, dass Margarine nicht unbedingt schlecht schmeckt, sondern vor allem einfach anders. Da gibt es doch keinerlei Grund für einen Familienterror!
Dieses Beispiel zeigt nicht nur, wie subjektiv die Wirklichkeit ist (wie in Kapitel II bereits dargelegt), sondern auch, wie negativ sich Bewertung, Beurteilung und Erwartung auswirken als Hindernisse auf dem Weg zum ~ *GLÜCKLICHSEIN* ~.

Ich halte diese Zusammenhänge für so wichtig, dass ich ein weiteres Beispiel bringen möchte: Die Nachbarin kommt mit Selbstgebackenem, und möchte, dass du probierst, am liebsten zusammen mit einer Tasse Tee. In deinem Kopf arbeitet es: „Die bringt meinen Plan durcheinander, ich habe keine Zeit für so etwas, ihr Getratsche interessiert mich nicht, ich habe Wichtigeres zu tun und so weiter.

Mit all diesen Gedanken entfernst du dich aus dem Hier und Jetzt. Du reduzierst deine Lebendigkeit. Versuch es stattdessen mal mit urteilsfreier Präsenz: Du spürst, sie möchte mit dir reden, sie fühlt sich allein, wertlos, uninteressant. Du weißt, dass du im Grunde durchaus 10-15 Minuten aufbringen kannst, ohne irgendwelche negativen Folgen befürchten zu müssen. Du gehst einfach auf diese Situation ein. Du freust dich auf das Stück Kuchen, denn du weißt, sie backt eigentlich immer ganz gut. Du lädst sie ein, zwei Tassen Tee sind auch schnell zubereitet.

Du nimmst sie wahr, als würdest du ihr zum ersten Mal begegnen: Die gefärbten Haare lassen den grauen Grund erkennen, sie sind lieblos zurückgesteckt. Ihre pigmentierte Haut ist faltig und schlaff, vorgealtert wie bei einem Menschen, der raucht und trinkt. Die Kleidung fast schon etwas ungepflegt, die Farben stehen ihr nicht wirklich.

Du spürst, sie ist unglücklich und fühlt sich allein, wertlos. Du gießt ihr Tee ein, probierst ihren Kuchen und lobst ihn. Sie wehrt ab, das sei doch nichts Besonderes. Du hörst ihr zu und fühlst dich ein. Du verstehst jetzt auch, warum sie zur Zigarette greift, warum sie öfter mal zu viel trinkt. Du heißt das nicht gut, du verurteilst sie aber auch deswegen nicht. Du bist ihr ein bisschen näher gekommen, ihre Lebenssituation erweckt dein Mitgefühl. (Mehr zum Thema Mitgefühl im IV. Kapitel. Hier wird auch wieder deutlich, wie die einzelnen Schritte auf dem Weg zum *GLÜCKLICHSEIN* ineinanderfließen.) Du bist menschlicher geworden, und wenn du ehrlich zu dir bist, auch ein bisschen glücklicher. Du bist aufgewacht aus dem unbewussten Automatikbetrieb.

Dieses Wahrnehmen ohne zu bewerten ist sehr, sehr wichtig auf dem Weg zum ~ *GLÜCKLICHSEIN* ~. Wenn wir nicht aufpassen, geschieht es fast automatisch, dass wir wieder in Bewertungen, Beurteilungen und Betrachtungen abgleiten. Wir müssen uns immer wieder bewusst ins Hier und Jetzt zurückrufen. Aber auch hier gilt wieder: Der Weg ist das Ziel.

Erforsche dich und die Welt mit neuen Augen, mit neuen Sinnen, und es eröffnen sich dir neue spannende und intensive Erfahrungen, ein Aspekt des ~ *GLÜCKLICHSEINS* ~.

In unseren Wochenseminaren FREUDE im SEIN üben wir mehrere Tage diese Form der Wahrnehmung und wir sind immer wieder beglückt, wenn wir sehen und erleben dürfen, wie sich unsere Seminar-Teilnehmer auf diese Weise mit immer mehr Liebe und Mitgefühl begegnen. Diese Form der Wahrnehmung erleichtert es auch sehr, das ständige Plappern des Verstandes sein zu lassen, das Kopfkino zu beenden. Immer müheloser gelingt es, im Hier und Jetzt zu verweilen, ausgeglichen, entspannt, glücklich.

Wir erkennen immer mehr und mehr, wie oft wir im Automatikbetrieb der Unbewusstheit leben. Wenn wir fernsehen, steigen wir gewissermaßen aus unserem persönlichen Leben aus und ein in eine andere Welt, die mit uns und unserem ureigenen Leben eigentlich überhaupt nichts mehr zu tun hat. Besonders offensichtlich geschieht dies, wenn wir einen Krimi lesen, einen Liebesroman oder sonst was: wir steigen aus und hinein in ein anderes, in ein fremdes Leben, eine andere Welt, eine andere Zeit, eine fremde Umgebung. Wenn wir dies gelegentlich und bewusst tun, kann das unser Leben durchaus bereichern, uns Anregungen und Impulse geben, andere Aspekte aufzeigen. Wenn es aber zur Regel, zur Gewohnheit wird, verlieren wir unser persönliches, unser ganz individuelles, einmaliges Leben, wir geraten in den konzerngesteuerten Automatikbetrieb der Unbewusstheit. Wahres ~ *GLÜCKLICHSEIN* ~ ist mit authentischen Gefühlen im Hier und Jetzt verbunden, immer individuell, ganz persönlich und in urteilsfreier Präsenz.

Dalai Lama:
„Der Großteil unseres Leidens rührt daher, dass wir zu viele Gedanken hegen."

Wie bereits in Kapitel II dargelegt, kann das Denken die größte Glücksbremse sein. Besonders negativ wirkt es sich aus, wenn wir die Wirklichkeit, so wie sie ist, mit unseren Wünschen und Vorstellungen davon, wie sie sein sollte, vergleichen. Mit unseren Bewertungen und Beurteilungen entfernen wir uns immer mehr von der Wirklichkeit im Hier und Jetzt und geraten leicht in eine Negativitätsspirale. Wenn wir erst einmal ins Grübeln geraten sind, ist der Weg in die Depressivität nicht mehr weit.
Mit einem Beispiel möchte ich diesen Prozess verdeutlichen: Du machst dir Gedanken um deinen Arbeitsplatz. Du erkennst, dass er nicht wirklich sicher ist. Viele Aspekte, Beobachtungen und Vermutungen sprechen sogar dafür, dass gerade auch dein Arbeitsplatz gefährdet ist. Du bringst dich mehr ein und gibst dein Bestes - die Angst bleibt. Du schließt eine Arbeitsunfähigkeits-Versicherung ab - die Angst bleibt, auch wegen der Wartezeit bis zum Wirksamwerden. Du beobachtest Vorgesetzte und Kollegen und erkennst Hinweise, die deine Befürchtungen verstärken. Deine Angst mindert zunächst nur die Freude an deiner Arbeit, bald aber wirkt sich das auch auf dein Privatleben negativ aus. Du schläfst schlechter, bist öfter gereizt und unzufrieden. Dadurch wird deine Konzentrationsfähigkeit gemindert, du machst Fehler, was wiederum deinen Arbeitsplatz zusätzlich gefährdet. Und so weiter.

Wie kommst du aus dieser Negativitätsspirale wieder raus?
Zunächst einmal lässt du deine Angst zu. Du fühlst dich tief in sie hinein. Dabei erinnerst du dich vielleicht daran, dass du dich bereits als Kind öfters unfähig gefühlt hast, du warst nicht gut genug. Du hattest oft das Gefühl, nicht in Ordnung zu sein, nicht liebenswert. Wenn du dich tief in diese Erinnerungen einfühlst, erkennst du, dass du diese Kindheitserfahrung noch mit dir herumschleppst.

Heute bist du kein Kind mehr, du bist mittlerweile kompetent, erfolgreich und ein guter Mitarbeiter. Und selbst wenn du deinen Arbeitsplatz verlieren würdest, würde deine Welt deshalb noch nicht untergehen. Überlege einmal, was schlimmstenfalls passieren würde, und ob das wirklich so schlimm wäre. Könnte es nicht sogar sein, dass etwas Neues in dein Leben treten möchte, eine Chance hin zu mehr Zufriedenheit? Woher willst du wissen, was für dich wirklich das Beste wäre?

Je mehr es dir gelingt, das Hier und Jetzt so anzunehmen wie es ist, umso mehr wird innerer Frieden einkehren und Raum für *GLÜCKLICHSEIN*. „Alles ist gut, wie es ist" heißt nicht zu resignieren, es heißt, die momentane Wirklichkeit zu bejahen, zu erfüllen und zu erleben in Liebe und Dankbarkeit (mehr dazu in Kapitel IV und V). Viele Menschen geraten in diesen Strudel von Denken, Erwarten, Be- und Verurteilen, und dadurch wird ihr Leben grau, leblos und lieblos. Ich möchte mit einem weiteren Beispiel diese andere Lebensart verdeutlichen, damit du diesen Schritt zum *GLÜCKLICHSEIN* auch leichter umsetzen kannst:
Du bist in einer Gruppe Gleichgesinnter. Du hast das Gefühl, von dieser Gruppe zu profitieren. Du fühlst dich in dieser Gruppe sehr wohl, lernst viel und machst wichtige Erfahrungen. Doch das ändert sich allmählich. Du fühlst dich zunehmend unwohl und hast das Gefühl, dass es mehr und mehr um Geld und Macht geht als um die Sache selbst. Du äußerst deinen Unmut, wirst aber zurückgewiesen, eher verlacht. Du fühlst dich nicht mehr wohl, nicht mehr zugehörig, fast schon gemobbt! Du haderst mit dem Schicksal": „Warum muss mir das passieren?" Du zweifelst an dir: „Wenn ich der Einzige bin, der diese Veränderung wahrnimmt, der sich hier nicht mehr wohlfühlt, dann ist meine Wahrnehmung vielleicht doch falsch?" Du versuchst dich anzupassen. Du bist mit und in der Gruppe unglücklich. Eines Tages gibst du dir einen Ruck. So kann es für dich nicht weitergehen. Du äußerst deine Meinung, findest aber kein

Verständnis, löst damit eher Empörung aus. Wenn du dir selbst treu bleiben willst, gibt es für dich nur eine einzige Möglichkeit: du gehst!
Dein neues Gefühl: Du bist frei! Du fühlst dich wie erlöst, geradezu glücklich!
Vielleicht dauert es Jahre, bis du erkennst, dass das eine ganz wichtige Erfahrung für dich war. Du hast gelernt, auf dein Gefühl zu achten und es ernst zu nehmen. Du hast erfahren, dass deine Wahrheit in dir zu finden ist, und dass es wichtig ist, deinem Gefühl zu folgen und nicht auf die anderen zu hören. Du weißt jetzt: Ich vertraue auf mein Gefühl. Alles war gut, so wie es war.
Wenn du dich wieder einmal in einer schwierigen Situation befindest, wirst du darin eine Gelegenheit sehen zu wachsen. Du wirst weniger ins Grübeln geraten und nicht mit dem Schicksal hadern. Anstatt bedrückt zu reagieren, wirst du dich mit deinem Inneren verbinden und eine Lösung suchen. Du wirst einen Entschluss fassen und diesen auch umsetzen.
Du hast gelernt: Alles, was mir das Leben bringt, ist gut, so wie es ist, ich kann das Beste daraus machen. Es steckt immer „eine Perle im Schlamm“!

Keine Erwartungen zu haben, keine Bedingungen zu stellen auf dem Weg zum ~ *GLÜCKLICHSEIN* ~ bedeutet nicht, dass du keine Wünsche und Träume haben dürftest. Im Gegenteil, es ist wichtig, eine Richtung zu haben, eine Vision, die dich antreibt, ermuntert, belebt. Mit einer derartigen Perspektive ist es viel leichter, den nächsten Schritt auf deinem Weg zu wählen und zu gehen.
Ohne eine solche Vision wärst du ziellos, passiv, orientierungslos bis hilflos. Du könntest auch leichter von anderen manipuliert und ausgenutzt werden. Es ist also ganz wichtig, dass du Wünsche an dein Leben hast, aber eben ohne Erwartungen. (Im Kapitel VI „ Sinn und Erfüllung“ mehr zu dieser Zielführung.)

Annahme dessen, was ist, führt zu innerem Frieden ohne Groll und damit zu mehr ~ *GLÜCKLICHSEIN* ~. Gegenargumente wie: „Ich wäre ja glücklich, wenn .... oder: „Du hast ja gut reden, du hast ja dieses oder jenes Hindernis nicht" oder: „Ich habe dafür nicht genug Geld, Zeit, Mut oder: „Das hätte ich früher tun müssen, jetzt ist es zu spät dafür, weil mein Partner zu alt dafür ist, weil ...." , all dies sind Hindernisse, Stolpersteine auf dem Weg zum ~ *GLÜCKLICHSEIN* ~. Diese Argumentationen sind Ausdruck von Selbstsabotage.
Dem Leben Bedingungen zu stellen und zu erwarten, dass sie in Erfüllung gehen, ist ein sicherer Weg zum Unglücklichsein. Es gibt immer einen ersten Schritt in die richtige Richtung, und der zweite wird sich dann schon weisen. Der Weg ist das Ziel, oder wie Buddha gesagt haben soll: „There is no way to happiness, happiness is the way!"
Vermeide es zu grübeln, reduziere das Plappern deines Verstandes, ändere negative Gedanken, Bilder und Erwartungen in positive, beglückende. Sei im Hier und Jetzt. Vermeide Beurteilungen, Bewertungen und besonders Verurteilungen. Sei ohne Erwartungen. Immer mehr ~ *GLÜCKLICHSEIN* ~ wird sich einstellen.

Deine Präsenz führt dich ins ~ *GLÜCKLICHSEIN* ~.

Wo stehst Du?

Ich bin in urteilsfreier Präsenz.

Ja!

Ich bin im Hier und im Jetzt.

Gratuliere!
Du hast es geschafft,
das ist bereits

GLÜCKLICHSEIN

Ich urteile und denke immer noch zuviel.

Das geht den meisten so.
Es geht ja auch nicht
darum, anzukommen,
sondern darum,
auf dem Weg zu einem
lohnenden Ziel zu sein.

Nein!

Leider

Ich urteile und
denke ständig.
Lasse dich
nicht
entmutigen,
du hast alle
Zeit der Welt.
Beginne
einfach noch
einmal auf
Seite 21.

Resümee

- Ich weiß: „Alles ist gut, wie es ist."

- Ich lasse mich ganz auf das Hier und Jetzt ein, „vom Denken ins Sein".

- *GLÜCKLICHSEIN* ist immer nur jetzt möglich.

- Ich nehme wahr, ohne zu beurteilen, ohne zu bewerten, ohne Erwartungen.

- Ich bin stolz auf mich und freue mich über meine Fortschritte.
- Die Viertelstunde, die ich mir täglich für mich nehme, ist mir schon Freude und Bedürfnis.

- Einmal wöchentlich mache ich Bestandsaufnahme und setze mir ein Ziel für die nächsten sieben Tage.

- Wenn ich so weit bin, mache ich weiter mit Kapitel IV.

IV. Mitgefühl und Liebe

Dalai Lama:
„Wenn du andere glücklich machen willst, so zeige Mitgefühl. Wenn du dich glücklich machen willst, so zeige Mitgefühl".

1. Wahrnehmen, ohne zu urteilen, führt über eigene Wertschätzung und Selbstliebe zu Mitgefühl und Liebe zu anderen.

2. Je mehr eigene Wertschätzung du entwickelst, umso leichter wirst du anderen Grenzen setzen können, ja, wahres Mitgefühl erfordert es sogar manchmal, anderen Grenzen zu setzen.

3. Urteilsfreies Zugehen auf andere mit Mitgefühl und Liebe ermöglicht tiefe, beglückende Freundschaften und Beziehungen.

IV. Mitgefühl und Liebe

Es mag moralisierend, spießig, kirchlich oder antiquiert erscheinen, wenn ich als nächsten wichtigen Schritt zum *GLÜCKLICHSEIN* Liebe und Mitgefühl fordere, aber daran führt kein Weg vorbei. Wenn wir einen anderen Menschen übervorteilen, mag das kurzfristig befriedigen, es mag uns kurzfristig Genugtuung verschaffen, ein wirklich erfülltes *GLÜCKLICHSEIN* ist so allerdings nicht möglich, so sind wir eben nicht gebaut. Die alte Spruchweisheit: „Was du nicht willst, das man dir tu, das füg auch keinem andern zu!" steckt uns eben doch tief in den Knochen, in der Seele; wir können nicht wirklich dagegen an, ohne uns etwas vorzumachen, ohne uns selbst um unser *GLÜCKLICHSEINS* zu betrügen.

Wenn du dieses Buch, dieses Rezept zum *GLÜCKLICHSEIN* nicht nur bis hierhin gelesen, sondern die Empfehlungen auch umgesetzt hast, entwickeln sich bei dir Liebe und Mitgefühl ohnehin wie von selbst, denn Wahrnehmen ohne zu urteilen führt zu Mitgefühl und Liebe. In dem Beispiel aus dem vorigen Kapitel mit der Nachbarin (Kapitel III, Seite 60), habe ich beschrieben, wie über urteilsfreie Präsenz das Plappern des Verstandes zur Ruhe kommt und sich Mitgefühl mit der Nachbarin entwickelt.

In dem Beispiel mit der Gruppe (Kapitel III, Seite 63/64) ist zu erkennen, wie über die urteilsfreie Selbstwahrnehmung, das Achten auf die eigenen Gefühle und Empfindungen, letztlich eigene Wertschätzung und Selbstliebe entstehen. Dieses Selbstwertgefühl gibt dann den Mut und die Kraft, den für dich richtigen Schritt auf deinem Weg zu tun. Auch wenn dieser Schritt nicht ganz einfach erscheinen mag, so bist du doch authentisch und auf dem Weg zu deinem *GLÜCKLICHSEIN*.

Es erfüllt uns ein tiefes Gefühl von Zufriedenheit, Freude und Glück, wenn wir uns und anderen Mitgefühl und Liebe entgegenbringen. Dabei muss es sich noch nicht einmal um etwas Materielles handeln.

Mutter Theresa:
„Am meisten gibt, wer mit Freude gibt."

Immer wieder erlebe ich beispielsweise, dass es andere Menschen tief berührt, wenn ich ihnen wirklich zuhöre, ihnen Gelegenheit gebe sich auszusprechen, wenn ich ihnen Verständnis und Mitgefühl entgegenbringe, wenn sie sich angenommen fühlen. Dabei kommt es öfter vor, dass Tränen fließen, Tränen des Berührtseins darüber, dass sich jemand die Zeit nimmt, wirklich voll und ganz zuzuhören und mitzufühlen.

Dabei darfst du natürlich nicht vergessen, dass du nicht geben kannst, was du nicht selber hast. Du musst dir also selber mit Mitgefühl und Liebe begegnen, dir selber Mitgefühl und Liebe zukommen lassen und Menschen aufsuchen, die dir mit Liebe und Mitgefühl begegnen. Du musst sozusagen dafür sorgen, dass deine „Batterie" nicht leer wird, dass sie immer wieder aufgeladen wird. Das Bibelwort: „Liebe deinen Nächsten wie dich selbst!" bedeutet ja nicht, dass du deinen Nächsten mehr lieben sollst als dich selbst.

Ich möchte dir ein paar Möglichkeiten aufzeigen, wie du deine Batterie auffüllen und dein Liebespotential vergrößern kannst.

ÜBUNG:

- Suche dir ein ruhiges, gemütliches Plätzchen und setze dich bequem auf einen Stuhl, ein Sitzkissen oder ein Meditationsbänkchen.
- Schließe deine Augen und öffne einen inneren Raum von Mühelosigkeit und Stille.
- Nimm den Fluss deines Atems wahr.
- Entspanne Bauch, Schultern, Mund und Rachenraum.
- Lass ein inneres Lächeln entstehen.
- Fühle die Erde unter dir und nimm sie als lebendes Wesen wahr.
- Fühle dein Getragensein, dein Genährtsein durch die Erde.
- Verbinde dich mit dem Mittelpunkt der Erde.
- Nimm die Energie der Erde in dich auf und lasse sie sich zunächst in deinem Herzraum ausdehnen.
- Fühle, wie dich diese Energie mit Kraft, Sicherheit und Vertrauen erfüllt.
- Danke der Erde.
- Dann lenke deine Aufmerksamkeit zu deinem Scheitel.
- Stell dir eine senkrechte Lichtsäule über deinem Scheitel vor, als Ausdruck deiner Einheit mit deinem wahren Wesen.
- Öffne dich für die Energie aus der Lichtsäule und lasse sie sich eben falls in deinem Herzraum ausdehnen.
- Fühle, wie dich diese Energie mit Licht, Liebe und Freude erfüllt.
- Atme weich: ICH BIN.
DANKE
- Beende die Übung in deiner Zeit und öffne bewusst wieder deine Augen.

Dies ist auch eine sehr gute Übung für deine tägliche „Stille Zeit".

Eine weitere ÜBUNG:

- Höre und/oder singe Mantren wie „Om mani pedme hum"

Eine weitere ÜBUNG:

- Du begibst dich auf deinen Meditationsplatz.
- Schließe deine Augen und öffne einen inneren Raum von Mühelosigkeit und Stille.
- Nimm den Fluss deines Atems wahr.
- Entspanne Bauch, Schultern, Mund und Rachenraum.
- Lass ein inneres Lächeln entstehen.
- Erinnere dich an einen Moment aus deinem Leben, an dem du glücklich warst, voller Mitgefühl und Liebe.
- Nimm diese Situation mit allen deinen Sinnen ganz intensiv wahr, lasse sie wieder ganz lebendig und präsent werden, bis du voller Mitgefühl und Liebe bist.
- Beende die Übung und komme in deiner Zeit wieder ins Hier und Jetzt. Nimm dabei das Mitgefühl und die Liebe in deinen Alltag mit.

Diese notwendige Selbstliebe führt auch dazu, dass du lernst, „Nein!“ zu sagen. Oft steckt ja hinter der Hilfsbereitschaft nicht die Liebe, sondern die Angst: die Angst, weniger gemocht zu werden, die Angst vor Liebesentzug oder die Angst vor Verurteilung.

Dalai Lama:
„Liebe und Mitgefühl nehmen uns die Angst vor dem Leben.“

Wenn du dir umgekehrt vorstellst, du bittest einen Freund um Hilfe, dann wünschst du dir sicherlich, dass er dir gerne hilft und nicht aus Angst davor, dich zu enttäuschen. Wenn du aus Liebe und Mitgefühl zu dir selbst und dem anderen entscheidest, ob es besser ist, eine Zusage oder aber eine Absage zu geben, wirst du dich besser fühlen.

Das Bibelwort: „Eure Rede sei Ja, Ja oder Nein, Nein, und was darüber ist, das ist von Übel!“ bedeutet ja: Druckse nicht herum, kein „Ja-Aber“, kein „Jein“, sondern sage klar und deutlich, was du fühlst und möchtest, ohne dabei ein schlechtes Gewissen zu haben!

Eine Frau, voller Mitgefühl und Liebe für sich und andere, ist weder ein Modepüppchen noch eine Emanze. Bei ihr wird das wahre Weibliche, das Nährende und Schützende hervorkommen: Verständnis für sich, die eigenen Schwächen und die der anderen, so, wie eine Mutter es lebt. Solche Frauen brauchen wir heute, um die Kriege, die Glaubenszwistigkeiten und die Umweltzerstörung zu beenden und sich gegenseitig in den Arm zu nehmen.

Ebenso brauchen wir Männer, die diese weiblichen Qualitäten leben können, um im Geschäftsleben die richtigen Entscheidungen treffen zu können, ob für die Mitarbeiter der Firma, ob für Exporte von Waren in andere Länder oder für die Umwelt.
Und es gibt solche Männer durchaus, ich zitiere aus der „Brigitte“ vom 18.06.2014:

ANSTÄNDIG VERDIENEN – Der deutsche Textilfabrikant Wolfgang Grupp produziert noch im eigenen Land – und er macht es auch überraschend umweltbewusst. Ein Besuch auf der Schwäbischen Alb:

„Als ich die Firma mit 27 Jahren übernahm, hatten wir Mitarbeiter, die schon für meinen Großvater oder meinen Vater gearbeitet haben. Als Kind saß ich mancher Näherin oder zum Beispiel der Buchhaltungschefin auf dem Schoß. Solche Mitarbeiter konnte ich doch nicht entlassen, weil ich meinte, im Ausland mehr Geld verdienen zu können.“

Wenn dein Denken, Fühlen und Wirken stets von Mitgefühl und Liebe für dich und die anderen geleitet wird, muss es auch stets zum Wohle aller Beteiligten erfolgen.
Ein solches Verhalten stellt auch eine gewisse Mobbingprophylaxe dar. Du wirst beim Mobben anderer nicht mitmachen wollen, sondern versuchen, mit Mitgefühl zu intervenieren. Solltest du selber gemobbt werden, wozu es ja wesentlich weniger Anlässe gibt, wenn du voller Mitgefühl und Liebe bist, so würdest du das nicht hilflos und passiv über dich ergehen lassen, sondern aus Liebe zu dir rechtzeitig etwas dagegen unternehmen.
Durch deine Selbstliebe festigt sich auch deine „Machtübernahme" (siehe Kapitel II), dein *GLÜCKLICHSEIN* wird immer mehr gelebte Realität.
Noch stärker ist der Schutz vor „Burnout". Du wirst rechtzeitig merken, wenn dir von der Firma oder auch von dir selbst zu viel abverlangt wird. Du wirst und willst die Überforderung nicht längerfristig aushalten und rechtzeitig gegensteuern. Du wirst in der Lage sein, anderen Grenzen zu setzen.
Wie schwer es vielen Menschen heutzutage fällt, anderen Grenzen zu setzen, ist besonders krass in der Kindererziehung zu beobachten. Viele Eltern sind unfähig oder fürchten sich davor, streng und konsequent zu sein. Wenn du dich tief in die Seele des Kindes einfühlst, spürst du deutlich, dass sie Grenzen und Regeln brauchen, suchen und auch finden wollen. Du spürst, wie traurig, ja fast schon verzweifelt Kinder sind, wenn sie nicht finden, was sie suchen. Frustriert versuchen sie immer wieder, sich an Grenzen heranzutasten und diese eben auch zu überschreiten, denn sie wollen natürlich auch wissen, was passiert, wenn sie dies tun. Wenn die Suche dieser Kinder erfolglos bleibt, werden sie immer unzufriedener. Die Nörgeleien und ständigen Provokationen zermürben und lassen sowohl Eltern als auch die Kinder unglücklicher werden. Dazu ein paar Beispiele.

Szene 1 an der Eisdiele:

Mutter und Kind kommen zur Eisdiele. Das Kind darf sich ein Eis aussuchen. Lange überlegt es, in der kleinen Warteschlange entsteht schon eine gewisse Unruhe, bis es endlich wählt. Die Mutter bestellt sich noch Schoko-Kirsch und zahlt. Da meldet sich das Kind: „Ich will auch Schoko-Kirsch, gib mir das!“

Das Kind steigert sich über Genörgel und Gemecker bis zu Gezeter und Geschrei. Endlich gibt die Mutter nach. Das Kind hat wieder erfahren, dass sein Theater offensichtlich erwünscht ist, da es ja belohnt wird.

Szene 2 am Straßenrand:

Der ca. 2 1/2 -jährige Sohn will etwas haben, die Mutter reagiert nicht sofort, sie ist mit etwas anderem beschäftigt, da haut und tritt er seine Mutter! Diese würde ihn gerne in seine Schranken weisen und ihm Haue auf den Po androhen. Sie würde diese Strafe auch konsequent vollziehen, wenn er sie weiterhin haue und trete - wenn sie nicht Angst vor ihren Freundinnen hätte. Sie befürchtet tatsächlich, diese könnten sie beim Jugendamt anzeigen! Ihre Freundinnen haben einmütig die Überzeugung, das Verhalten ihres Sohnes sei „normal“ und ein Klaps auf den Po sei eine „Straftat“!

Szene 3 in einem Wohnzimmer:

Ein Kleinkind im „Trotzalter“ will wissen, was passiert, wenn es seine Grenze überschreitet. In seinem Hochstuhl am Tisch sitzend, testet es seinen Vater. Es lässt der Reihe nach Gegenstände vom Tisch fallen, beginnend mit Gegenständen, die dabei keinen Schaden nehmen können, zu immer empfindlicheren Dingen. Dann nimmt der Sohn etwas Zerbrechliches in die Hand, und der Papa droht prompt in strengem Ton: „Das darfst du nicht fallen lassen, das kann kaputtgehen. Wehe, wenn du das runterfallen lässt!“ Der Kleine will es wissen, und lässt den empfindlichen Gegenstand fallen. Der ist noch nicht auf dem Boden angekommen, da hat der Papa seinem Sohn schon eine geklatscht!

Der Papa ist über sich erschrocken, wollte er doch niemals seine Kinder körperlich strafen. Sein Sohn schreit jedoch nicht, ja er weint noch nicht einmal, er schluckt, holt tief Luft, kann allerdings eine Träne nicht ganz unterdrücken. Der Papa staunt überrascht, nimmt er doch wahr, dass sein Sohn geradezu zufrieden aussieht. Er hat eine Antwort auf seine Frage erhalten, was passiert, wenn er Grenzen überschreitet. Da atmet der Papa erleichtert auf.
Seine Wahrnehmung wird 14 Tage später bestätigt: Mutter und Freundin unterhalten sich über Kindererziehung. Sie geben beide zu, dass ihnen die Hand schon mal ausgerutscht sei. Die Befragung des Sohnes bestätigt das. „Hat die Mama dich schon mal gehauen?“ Etwas unsicher ob dieser Frage antwortet der Sohn mit Kopfnicken und einem etwas zögerlichen „Ja“. Zusatzfrage: „Hat der Papa dich auch schon mal gehauen?“ Der Kleine runzelt die Stirn, überlegt, schaut an die Decke und dann kommt die Antwort: „Nein!“

Szene 4 im Restaurant:
Wir essen in einem Restaurant zu Abend. Tische und Stühle stehen auf der Straße, die für Autoverkehr gesperrt ist. Am Nebentisch ein junges Ehepaar mit einer ungefähr 3-jährigen Tochter. Diese beschäftigt sich ca. zwei Stunden phantasievoll und selbstgenügsam mit zwei Papierservietten. Damit wird zwischendurch auch das Kopfsteinpflaster poliert, was die Eltern nicht verbieten. Gelegentlich zeigt das Mädchen seinen Eltern etwas oder es hat eine Frage. Dann wenden sich die Eltern ihrer Tochter liebevoll zu und sagen etwas. Die Kleine ist zufrieden und beschäftigt sich weiter in ihrer Welt. Alle drei haben einen netten Abend und sind glücklich und zufrieden. (Diese Szene habe ich in einer französischen Kleinstadt beobachtet; ähnlich zufrieden spielende Kleinkinder sieht man bei uns leider seltener.

Diese realen Beispiele zeigen ganz klar, dass wir immer richtigliegen, wenn wir unseren Mitmenschen ohne Urteile und Bewertungen begegnen. Wir fühlen ganz deutlich, dass Kinder Grenzen wollen und brauchen (Szene 3), und wie unglücklich Kinder und damit auch ihre Eltern sich fühlen, wenn ihnen diese Grenzsetzung verweigert wird (Szene 1 und 2). Umgekehrt sehen wir, wie das selbstverständliche und natürliche Grenzensetzen in der ganzen Familie zu mehr ~ *GLÜCKLICHSEIN* ~ führt. Eltern, die aus Mitgefühl und Liebe zu sich selbst und zu ihren Kindern diesen Grenzen setzen, haben in aller Regel Kinder, die sich ausgeglichen und zufrieden stundenlang auch mal mit sich selbst beschäftigen können, zum Wohle aller Beteiligten (Szene 4).

Ein von Mitgefühl und Liebe geprägtes Verhalten führt zu erfüllenden Beziehungen. Freundschaften, in denen du dich angenommen fühlst, in denen du dich aussprechen kannst, ohne Angst haben zu müssen vor Beurteilung, Verurteilung oder „schlauen" Ratschlägen. Freundschaften, in denen du sein kannst, wie du bist und Ratschläge nur bekommst, wenn du darum bittest (oder wenn du wirklich einmal ganz auf dem Holzweg sein solltest), sind für unser ~ *GLÜCKLICHSEIN* ~ geradezu unabdingbar. Begnüge dich mit ganz wenigen solcher wahren, tiefen Freundschaften und pflege sie, du wirst Kraft, Freude und ~ *GLÜCKLICHSEIN* ~ in diesen Beziehungen erleben.
Und weil es so wichtig ist, wiederhole ich noch einmal: Begegne diesen Freunden bzw. Freundinnen in urteilsfreier Präsenz, nimm sie wahr, wie sie sind, ohne sie zu beurteilen oder zu bewerten; du willst ja ebenfalls weder beurteilt noch bewertet werden (siehe hierzu unter Umständen noch einmal Kapitel III). Auf diese Weise werden Mitgefühl und Liebe in deinem Leben zunehmen.

Mitgefühl und Liebe sind auch ein ganz wesentlicher Teil der christlichen Religion. Wenn diese Gefühle gottgewollt sind, dann folgt daraus auch, dass Gottes Wunsch unser ~ *GLÜCKLICHSEIN* ~ ist!
Im Buddhismus spielt Mitgefühl ebenfalls eine ganz große Rolle. Spürbar gelebt wird dieses Mitgefühl beispielsweise von den Tibetern, die jahrzehntelang von den Chinesen verfolgt, gefoltert, gequält, getötet, dezimiert, gedemütigt und vertrieben wurden. Wir können nur staunen, dass wir bei den Überlebenden keinen Hass gegenüber den Chinesen spüren können. Wir sehen und erleben Mitgefühl, Liebe und Freude, obwohl die Menschenrechte dieser tibetischen Buddhisten mit Füßen getreten werden. Umgekehrt habe ich noch nie und nirgendwo so unhöfliche, desinteressierte, depressiv wirkende Menschen gesehen, wie die chinesischen Besetzer in Tibet, die neu angesiedelten Han-Chinesen. Freundlichkeit, Liebe und Mitgefühl scheinen diesen Menschen so fremd zu sein wie uns ihre Schrift.
Das völlige Gegenteil davon wird durch den Dalai Lama repräsentiert. Das religiöse Oberhaupt der Tibeter ist Vorreiter und Vorbild im Leben von Liebe, Mitgefühl und Weisheit in bewundernswerter Vollkommenheit. Das hindert den Rest der Welt nicht daran, weiterhin mit China zu kooperieren, zu handeln und Geschäfte zu machen, der Profit ist wichtiger als die Beachtung der Menschenrechte. (In der Einleitung bin ich auf dieses Phänomen bereits kurz eingegangen.)

Wichtig ist es, die positiven Gefühle von Mitgefühl und Liebe auch in die Welt zu bringen. Wenn niemand dein Mitgefühl spürt, wird sich auch nur wenig verändern. Fang mit kleinen Schritten an, bei Menschen, die du magst. Schon die Begrüßung: „Ich wünsche dir einen wundervollen Tag!“ drückt eben etwas anderes aus, als ein knappes „Tag“.

Auch Komplimente wirken sich sofort positiv aus, wenn sie von Herzen kommen. Ein paar Beispiele:
„Du siehst toll aus."
„Dein Pulli steht dir super gut."
„Du bist heute wieder klasse drauf."
„Danke, dass du mir zuhörst."
„Danke für deine Aufmerksamkeit."
Wenn du dir für jemand anderen Zeit nimmst, dann ist das oft das schönste Geschenk, das du dem anderen machen kannst, wenn es aus Mitgefühl und Liebe geschieht. Das gilt ganz besonders auch für dich selbst. Die Zeit, die du dir täglich für dich alleine nimmst (eine Viertelstunde oder mehr?), ist ja Ausdruck dafür, dass du dir selbst bereits mit mehr Mitgefühl und Liebe begegnest. Der wichtigste Schritt zu mehr Mitgefühl und Liebe ist die urteilsfreie Präsenz. Das Beispiel mit der Nachbarin aus Kapitel III zeigt deutlich, wie bereits aus der urteilsfreien Wahrnehmung über die Präsenz das Geschenk der Zeit, nämlich Mitgefühl, entsteht.

Zurück zu dir: Werden dein Denken, Fühlen und Wirken von Mitgefühl und Liebe geleitet, so wird es immer zum Wohle aller Beteiligten erfolgen. Du wirst immer mehr soziale Kompetenz erlangen. Dein GLÜCKLICHSEIN wird auch andere erreichen und anstecken, es wird sich vermehren.

Andere zu beglücken beglückt!

Wo stehst Du?

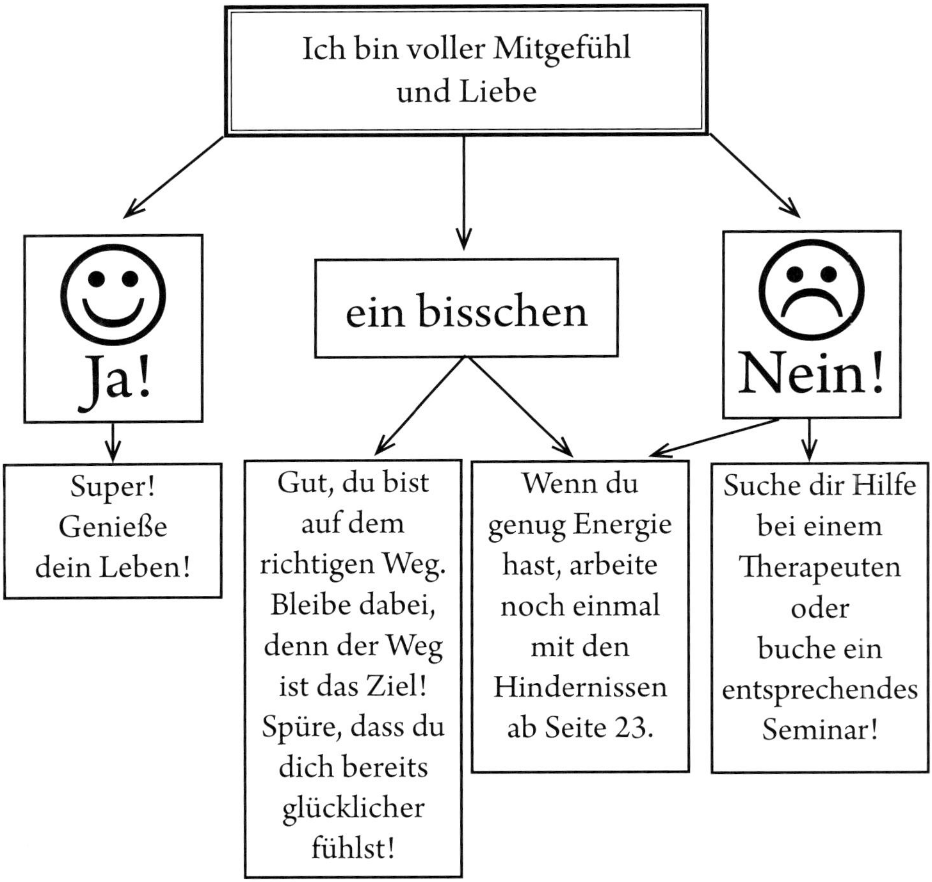
Ich bin voller Mitgefühl und Liebe
Ja!
ein bisschen
Nein!
Super! Genieße dein Leben!
Gut, du bist auf dem richtigen Weg. Bleibe dabei, denn der Weg ist das Ziel! Spüre, dass du dich bereits glücklicher fühlst!
Wenn du genug Energie hast, arbeite noch einmal mit den Hindernissen ab Seite 23.
Suche dir Hilfe bei einem Therapeuten oder buche ein entsprechendes Seminar!

Resümee

- Täglich finde ich mehr und mehr Gründe, gefühlvoller und liebevoller mit mir umzugehen.
- Ebenso finde ich auch täglich immer mehr Möglichkeiten, anderen mit Liebe und Mitgefühl zu begegnen.
- Ich drücke diese positiven Gefühle auch immer öfter aus durch Lob, Komplimente und Ansprechen positiver Aspekte.
- Ich freue mich über meine Erfolge und bin stolz auf mich.
- In meiner täglichen Viertelstunde fülle ich mich mit Liebe auf.
- Einmal wöchentlich mache ich Bestandsaufnahme und setze mir ein erreichbares Ziel für die nächsten sieben Tage.
- Wenn ich mit meinen Fortschritten zufrieden bin und Lust auf mehr Glücksgefühle verspüre, gehe ich weiter zu Kapitel V.

V. Dankbarkeit und Demut

1. Unmenschliche Macht- und Geldgier zerstören unsere Lebensgrundlagen und die Möglichkeit zum ~ *GLÜCKLICHSEIN* ~.

2. Dankbarkeit und Demut reduzieren Ressourcenverschwendung.

3. Dankbarkeit und Demut beenden beispielsweise Tierquälerei in der Nahrungsmittelproduktion.

4. Dankbarkeit und Demut schaffen menschenwürdige Arbeitsbedingungen.

5. Ständige Wunscherfüllung führt zu Unzufriedenheit und Undankbarkeit.

6. Indem wir anderen Grenzen setzen, schaffen wir Raum für Achtsamkeit.

7. Weniger ist Mehr. Selbstbeschränkung öffnet die Tür zum ~ *GLÜCKLICHSEIN* ~.

V. Dankbarkeit und Demut

Albert Schweitzer:
„Die Ehrfurcht ist das tiefste und größte Gefühl, dessen ein Mensch einem anderen Wesen gegenüber fähig ist".

Mahatma Gandhi:
„Die wahre Glückseligkeit des Menschen liegt in der Zufriedenheit".

Wenn man sich etwas intensiver mit dem Thema Dankbarkeit und Demut beschäftigt, ist man erstaunt, wie wenig dieses Mittel zum ∼ ***GLÜCKLICHSEIN*** ∼ genutzt wird, obwohl es völlig einfach und mühelos anzuwenden ist. In unserer Gesellschaft begegnet man auch viel häufiger dem Gegenpol, nämlich dem Mangel an Dankbarkeit und Demut.
Ich zitiere beispielhaft aus dem BUND-Magazin Ende 2013:
Im niedersächsischen Wietze baut die „Celler Land Frischgeflügel GmbH" (Unternehmensgruppe Rothkötter) den größten Geflügelschlachthof Europas. Hier sollen einmal 430 000 Hähnchen pro Tag (!) getötet werden. Seit September 2011 ist die erste „Schlachtstraße" in Betrieb, mit einer Kapazität von 200 000 Tieren. Gefördert wurde die Industrieanlage mit sieben Millionen Euro aus Steuergeldern. – Zu den Folgen dieser Form von „Tierproduktion" zählt: Da der deutsche Markt gesättigt ist, wird immer mehr Geflügelfleisch exportiert. Letztes Jahr stieg allein die (hoch subventionierte) Ausfuhr nach Afrika um 120 Prozent auf 42 000 Tonnen – und zerstört dort die heimischen Märkte. Um den Großschlachthof auszulasten, müssten in der weiteren Umgebung zudem Hunderte (!) neuer Mastställe errichtet werden, mit den bekannten Begleitumständen (Tierquälerei, Gülleproblem, Zerstörung mittelständischer Strukturen ...). Möglich ist eine solche Massenproduktion nur mit dem Import von Tierfutter: billigem (Gen-) Soja aus Südamerika, dessen Monokulturen dort riesige Landstriche verheeren. - Ende des Zitates!

Das ist unsere Realität, unterstützt von den von uns gewählten Politikern! Ist *GLÜCKLICHSEIN* in diesen mafiösen Strukturen für die Beteiligten überhaupt noch möglich?
In unserem kleinen ganz normalen Alltag sieht es zum Thema Dankbarkeit und Demut auch nicht viel besser aus. So erleben wir beispielsweise in unserer täglichen Praxis als Hausärzte vergleichsweise selten, dass sich ein Patient für erfolgreiche Hilfe bedankt. Viel häufiger wird der Erfolg mit keiner Silbe erwähnt, stattdessen wird über eine andere Beschwerde geklagt. Dabei kommt es sogar öfters vor, dass unser Rat nicht gehört oder sogar ausgeschlagen wird. Oft erscheint es eben vorteilhafter (bewusst oder unbewusst), über sein Leid zu klagen, als gesund zu sein. So hat man wenigstens Zuhörer, die einen bemitleiden oder wenigstens mit „sachkundigem Rat" helfen wollen. Dahinter steckt allerdings oft der Wunsch, mit ihrem Rat die Klagen des „Kranken" zum Verstummen zu bringen, was der „Kranke" natürlich meistens nicht wahrhaben will.
Krankheit gehört nun einmal zum Leben, und dies demütig anzunehmen, ist den meisten Menschen unserer Zeit eine völlig fremde Vorstellung. (Das heißt natürlich nicht, dass wir nichts unternehmen sollen, um wieder gesund zu werden!) Sehr oft hören wir zum Beispiel: „Herr Doktor, ich kann jetzt nicht krank sein, sie ‚müssen' mir etwas verschreiben, damit ich wieder fit bin."
Dass Krankheit als Sprache der Seele eine wichtige Botschaft für uns enthält, wollen die meisten Menschen nicht für möglich halten. Statt: „vielleicht sollte ich einmal innehalten, meine momentane Lebenssituation überdenken" heißt es doch immer wieder: „ich muss aber" oder „ich kann jetzt nicht anders". Dankbarkeit und Demut sind eben in einer Welt des Machens, des Schaffens und Könnens, des ständigen Tuns völlig fremd.

In unserer Gesellschaft entwickeln sich immer mehr Menschen zu narzisstischen Egoisten. Diese Menschen haben die Welt mit zu dem ge-

formt, wie sie heute ist, und sie kommen scheinbar damit klar. Umweltzerstörung, Fleischfabriken, unkontrollierter Antibiotika-Einsatz und anderes mehr, alles dies nur, um den Profit zu maximieren. Verlagerung von Arbeitsplätzen in Billiglohnländer mit verheerenden Arbeitsbedingungen, Entlassung älterer Arbeitnehmer zur Kostenersparnis oder Kündigung lästiger kritischer Arbeitnehmer, Ressourcen-Verschwendung und anderes mehr. Mit dem geplanten transatlantischen Freihandelsabkommen wollen die Konzerne letztlich Politik und Justiz entmachten, um die Welt allein zu beherrschen – das Ende der Demokratie!
Diese Egoisten sind auch zunehmend beziehungsunfähig, was mit zur Zunahme der Single-Haushalte führt. *GLÜCKLICHSEIN* kennen diese Menschen nicht. Und so vermeiden sie es, zur Ruhe zu kommen und ihr Leben zu überdenken, um ihrer inneren Leere und Unzufriedenheit nicht zu begegnen.
Gelingende Beziehungen sind nur möglich, wenn wir den anderen „wahrnehmen, achten und wertschätzen und wenn wir uns selbst auch mal bescheiden zurücknehmen können.

Erinnere dich bitte noch einmal an die Szene 1 an der Eisdiele in Kapitel IV. Bei diesem Gezeter kommen keine Glücksgefühle auf. Das Kind hätte aber auch ebenso gut sagen können: „Danke, Mama, dass du mir ein Eis spendiert hast. Beim nächsten Mal werde ich die Sorten probieren, die du heute gewählt hast. Mein Eis ist jedenfalls lecker – danke!" Diese Worte würden Dankbarkeit auf Seiten des Kindes ausdrücken. Die Mutter könnte dankbar sein, dass sie ihrer Tochter eine Freude bereiten konnte. So kann ein Besuch in der Eisdiele eben auch dazu führen, dass Mutter und Kind gemeinsame Momente von *GLÜCKLICHSEIN* erleben können.
Wie die Szene 2 am Straßenrand aus Kapitel IV ablaufen würde, wenn die Mutter ihr Kind zu Dankbarkeit und Demut angeleitet hätte, statt zu Egoismus und Machtkampf, kannst du dir leicht selber ausmalen.

Wenn ein Kind Grenzen gesetzt bekommt, wenn es dazu auffordert, wie in Szene 3 aus Kapitel IV, wird es dankbar und bescheiden sein können und auch in der Lage sein, sich einmal mit sich selbst zu beschäftigen, ohne die Eltern ständig zu beanspruchen.
In Szene 4 aus Kapitel IV darf jeder einfach sein. Dem anderen wird mit Achtsamkeit und Wertschätzung begegnet. Die Eltern können dankbar und glücklich sein, ein so tolles und gesundes Kind zu haben. Das ist für sie nicht selbstverständlich. Keiner versucht, den anderen zu manipulieren, zu instrumentalisieren oder zu dominieren. Jeder darf sein, wie er ist in seiner wunderbaren Einmaligkeit. Wie viel schöner und glücklicher könnte so unser Zusammenleben sein.

Zum Glück gibt es auch erfreuliche Entwicklungen, die Hoffnung machen. So versuchen immer mehr Menschen, der Umweltzerstörung Einhalt zu gebieten und ebenso den Tierfabriken zu entkommen. Vegane Vorstellungen sprießen wie Pilze aus dem Boden. In Zeitschriften werden vegane Rezepte vorgestellt, und es gibt jede Menge Neuerscheinungen auf dem Büchermarkt. Hier entwickelt sich eine erfreuliche Gegenbewegung, die meiner Meinung nach allerdings etwas über das Ziel hinausschießt. Ich meine, man kann Milch und Milchprodukte sowie Eier mit Dankbarkeit genießen. Ich esse gelegentlich auch mal mit Bewusstheit und Dankbarkeit beispielsweise eine Forelle, wenn diese ein einigermaßen artgerechtes Leben geführt hatte. Das sollte aber natürlich jeder für sich selbst entscheiden – bewusst!
Zum Thema Demut möchte ich noch ein positives Beispiel bringen. Diese Schilderung hat mich sehr berührt, vielleicht besonders, weil sie von einem Kollegen, einem Professor der Chirurgie berichtet, wo man demütiges Auftreten eher nicht erwarten würde. Die Schilderung stammt aus dem Buch von Clemens Kuby „Unterwegs in die nächste Dimension“.

Der Autor berichtet von der „Wunderheilung“ seiner Querschnittslähmung: (Chefarzt Prof. Paeslack ist aus seinem Urlaub zurückgekommen.)

Nach vier Wochen kommt er mit noch größerem Gefolge in unser Zimmer. Braun gebrannt und sehr ernst. Ich liege nicht mehr auf dem Streyker, sondern in einem normalen Bett. Ich führe ihm freudestrahlend vor, wie ich das Bein selbständig anwinkle und den Fuß etwas kreisen lassen kann. Er weiß Bescheid, er hat meine Akte genau gelesen. Dann tritt er rechts an mein Bett, fasst mit beiden Händen nach meiner Hand, lächelt mich warmherzig und ernst an, schaut streng auf seinen weißen Tross von zirka 30 Ärzten und Ärztinnen internationaler Herkunft und bittet um etwas Ruhe. Alle starren ihn an, es wird mucksmäuschenstill.
Er legt meine Hand auf die Decke zurück und geht neben meinem Bett hinunter auf die Knie, schließt die Augen, faltet die Hände und fängt an laut zu beten. Einige in seinem Team legen instinktiv ebenfalls die Hände zusammen und senken den Kopf. Paeslack spricht:
„Dank sei Dir, allgegenwärtiger Herrgott, dass Du uns Deine unermessliche Güte und Macht zeigst, indem Du an diesem Menschen hier, an Clemens Kuby, das Wunder der Heilung vor unseren Augen vollzogen hast. Es stand nicht in unserer Macht und unserem Wissen, dass er wieder wird laufen können. Wir danken Dir, oh gütiger, großer Gott, aus ganzem Herzen in Ewigkeit, Amen.“

In dieser Szene ist spürbar, dass Dankbarkeit und Demut sowie ~ *GLÜCKLICHSEIN* ~ zusammengehören. Von der Sichtweise des Hippokrates, des berühmtesten Arztes des Altertums: „Medicus curat, natura sanat“ (der Arzt unterstützt, die Natur heilt) sind die meisten Menschen, leider auch die meisten Mediziner der heutigen Zeit weit entfernt.

Auf dem Weg zum ~ *GLÜCKLICHSEIN* ~ ist es also notwendig, wieder mehr Dankbarkeit und Demut zu entwickeln. Du wirst ganz schnell merken, wie gut dir und allen Beteiligten das tut. Es gibt jede Menge Gelegenheiten dazu, du kannst schon morgen beim Aufwachen damit beginnen.

Wenn dein Schlaf ungestört war, kannst du dankbar für die Nachtruhe sein; dafür, dass du ein Dach über dem Kopf hast und in deiner Wohnung ein warmes Bett. Wenn du duschen willst, genügt wahrscheinlich auch bei dir ein Handgriff, und schon kommt der warme Regen, in von dir frei wählbarer Temperatur und Dichte auf dich herab. Wie herrlich, wie wunderbar! Wenn du dann frühstückst, steht dir eine riesige Auswahl zur Verfügung, du musstest lediglich beim Einkauf die richtige Wahl treffen. Du kannst dir dein Wunschgetränk zubereiten und dein Wunschfrühstück. Verwöhne dich ruhig mal ganz bewusst, genieße diese Geschenke und sei dankbar dafür. Nimm demütig zur Kenntnis, dass du diese Vorzüge nur genießen kannst, weil du hier geboren wurdest und/oder hier lebst. Es gibt Menschen, die all diese Genüsse entbehren müssen – ohne eigenes schuldhaftes Dazutun wohlgemerkt!

Du kannst deine Dankbarkeit auch mit Visualisierungen noch verstärken.

Wenn du beispielsweise deinen Tag mit einem Biomüsli beginnst:

„Ich danke für diese Haferflocken", und dabei visualisierst du ein Haferfeld, goldgelb in der Herbstsonne und vom Wind zu Wogen bewegt.

„Ich danke diesem Apfel", und visualisierst dabei einen Apfelbaum. Wenn du Zeit hast, kannst du dir den Werdegang des Apfels von der Blüte bis zur Ernte vorstellen, mit Sonnenschein und Regen, bei Tag und Nacht.

„Ich danke für diese Weintrauben", und dabei visualisierst du den Weinstock und die Reben, wie die Trauben in der Sonne zu Rosinen eintrocknen. Folge einfach deinen eigenen Impulsen und lass dich ein.

Sei dankbar dafür, dass du in einem Land lebst, wo es keinen Hunger gibt.

Diese Übung wird auch dazu führen, dass du deine Lebensmittel wieder mehr wertschätzt, dass du weniger Lebensmittel wegwirfst.

Wenn du so deinen Tag mit Bewusstheit (Kapitel III) und Dankbarkeit beginnst, wirst du merken, wie gut sich dieser Start auf den ganzen Tag auswirkt. Du sollst mit dieser Praxis natürlich nicht nach dem Frühstück aufhören, wichtig ist es, erst einmal so zu beginnen. Wenn du merkst, wie gut dir das tut, wirst du ohnehin mehr und mehr in Bewusstheit und Dankbarkeit leben.

Beim Öffnen der Haustür hörst du vielleicht Vogelgezwitscher, siehst Bäume, Blumen usw. So kann und muss die urteilsfreie Präsenz, die Wahrnehmung dessen, was ist (Kapitel III), zu Dankbarkeit und Demut führen. Du wirst bald mühelos täglich etwas Neues entdecken, wofür du dankbar sein kannst.

Das wiederum lässt deine Selbstliebe und dein Mitgefühl wachsen und sich auf andere ausdehnen, so dass du auch anderen gegenüber mehr Mitgefühl und Liebe entwickeln wirst (Kapitel IV). Mit dem Umsetzen dieser Schritte wächst dein ~ *GLÜCKLICHSEIN* ~. Mit dieser Einstellung bist du in der Lage, täglich Neues und Staunenswertes zu entdecken. Wenn du mehr Abwechslung brauchst, kannst du beispielsweise einen anderen Weg zur Arbeit einschlagen und auf diese Weise wieder Neues entdecken. Mit zunehmender Übung in Wahrnehmung und Achtsamkeit wirst du staunen, wie viel Neues du auf altbekannten Wegen immer wieder entdecken kannst. Und wenn dich dieses mit Dankbarkeit erfüllt, bist du im ~ *GLÜCKLICHSEIN* ~.

Sollte dir etwas begegnen, was dir nicht gefällt, oder wofür es dir schwerfällt, dankbar zu sein, so kannst und wirst du immer öfter und immer besser deine Lernaufgabe dabei und „die Perle im Schlamm" erkennen.

Die Personen aus der Szene I „an der Eisdiele" und Szene II „am Straßenrand" aus Kapitel IV sind weder glücklich noch zufrieden. Obwohl diese Kinder fast alles bekommen, was sie haben wollen, sind sie im Grunde

genommen unglücklich. Die Eltern, die sich vergeblich um das Wohl ihrer Kinder bemühen, sind unzufrieden und frustriert. Sie müssen erkennen, dass alle ihre Bemühungen erfolglos sind. Sie erleben es nicht, dass ihre Kinder einmal längere Zeit ausgeglichen oder zufrieden, geschweige denn glücklich wären. Im Gegenteil, diese scheinen eher undankbar, frech und unzufrieden.
GLÜCKLICHSEINS resultiert eben nicht aus ständiger Bedürfnisbefriedigung.

Arthur Schopenhauer:
„Der Reichtum gleicht dem Seewasser: Je mehr man davon trinkt, desto durstiger wird man."

Wenn du dich für das Erkennen dieser Zusammenhänge öffnest, wirst du diese Erkenntnis ständig bestätigt finden, ob bei den Menschen deines Beziehungsumfeldes oder bei der Beobachtung Fremder. In ärmeren Ländern wirst du beispielsweise deutlich mehr lachenden, fröhlichen, glücklichen Menschen begegnen als hierzulande. *GLÜCKLICHSEIN* bedeutet eben nicht zu bekommen, was du dir wünschst, sondern dankbar dafür zu sein, was du hast.
Häufig gemachte Äußerungen wie „Ich wäre ja glücklich, wenn ..." sind eben Ausdruck für die Weigerung, diese Gesetze zu akzeptieren.
Die alte Weisheit: „Geld macht nicht glücklich" ist heute aktueller denn je und erfährt eine erfreuliche Renaissance. In ihrem Buch „Die Sinn-Diät" gibt Rebekka Reinhard Empfehlungen: „Wie wir uns vom Un-Sinn befreien." Warum weniger einfach mehr ist, wird in dem Buch „Zur Lage der Welt 2010: Einfach besser leben, Nachhaltigkeit als neuer Lebensstil" ausführlich erörtert. (Herausgeber: Worldwatch Institute in Zusammenarbeit mit der Heinrich-Böll-Stiftung und Germanwatch).

Mehr fair gehandelte Textilien, mehr „aus alt mach neu“, mehr Lebensqualität, mehr Obst und Gemüse, mehr Pausen, mehr Miteinander, mehr glückliche Kühe (und Bäuerinnen und Bauern), mehr Vernunft und Verstand; all dies führt zu mehr ~ *GLÜCKLICHSEIN* ~. Probier es einfach aus, aber bleibe dabei kritisch. Beispielsweise hat die „Konzernmafia“ den „biowilligen“ Kunden längst als Mittel zu Umsatzsteigerungen im Visier. So verspeisen wir „Bio-Lebensmittel aus Drittländern, die unter Sklaven-Bedingungen für uns produziert werden (wenn auch – hoffentlich! – ohne Pestizide und Gentechnik). Interessenten erfahren mehr darüber in dem Buch von Kathrin Hartmann „Ende der Märchenstunde“.

Wenn Dankbarkeit und Demut sowie Mitgefühl und Liebe deine Begleiter sind, wirst du entdecken, dass du spannende Erfahrungen machen wirst.

Dann wird ~ *GLÜCKLICHSEIN* ~ dein Lohn sein.

Wo stehst Du?

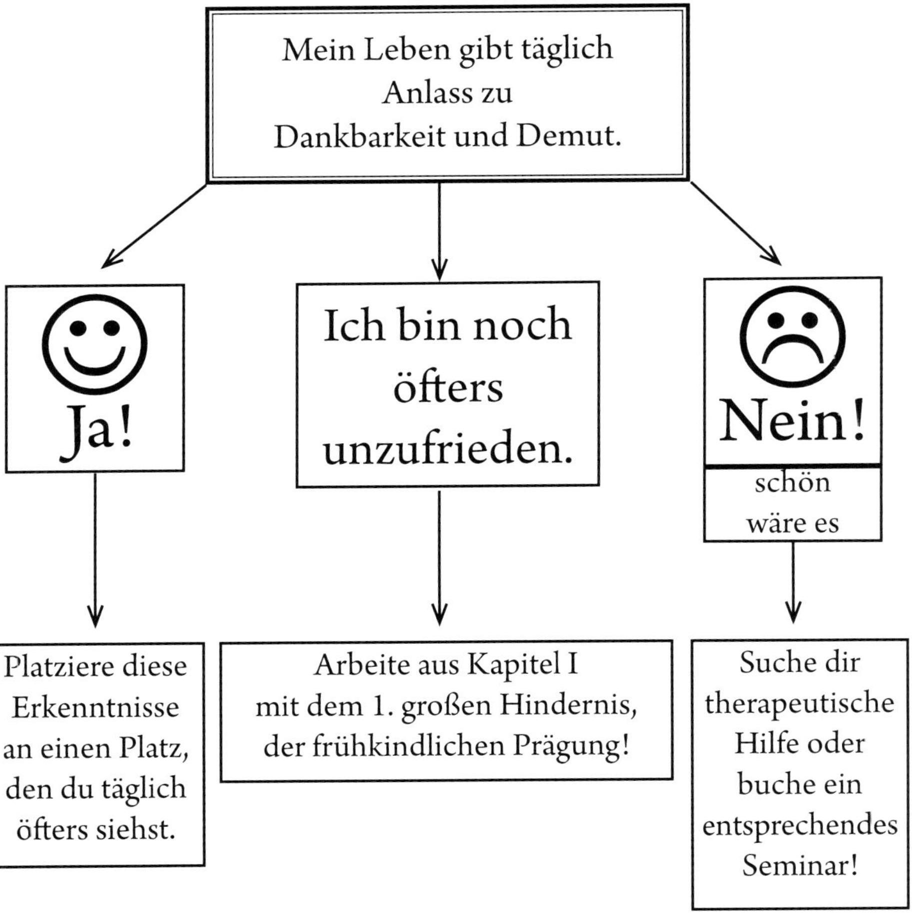
Mein Leben gibt täglich
Anlass zu
Dankbarkeit und Demut.
Ja!
Ich bin noch
öfters
unzufrieden.
Nein!
schön
wäre es
Platziere diese
Erkenntnisse
an einen Platz,
den du täglich
öfters siehst.
Arbeite aus Kapitel I
mit dem 1. großen Hindernis,
der frühkindlichen Prägung!
Suche dir
therapeutische
Hilfe oder
buche ein
entsprechendes
Seminar!

Resümee

- Ich beginne jeden Tag mit Dankbarkeit.

- Ich finde täglich neue Gründe, um dankbar zu sein.

- Ich begegne allem und jedem mit mehr Achtung und Dankbarkeit.

- Ich spare zunehmend Ressourcen und produziere weniger Müll, indem ich beispielsweise auf unnötige Verpackung und Wegwerftüten beim Einkauf verzichte.

- Ich überprüfe meine Wünsche daraufhin, ob sie mich wirklich meinem ~ *GLÜCKLICHSEIN* ~ näher bringen.

- Ich genieße die Zeit, die ich mir täglich für mich nehme und belohne mich dafür.

- Einmal wöchentlich mache ich Bestandsaufnahme und setze mir ein Ziel für die nächsten sieben Tage.

- Neugier führt mich zum nächsten Kapitel.

VI. Sinn und Erfüllung

1. Leben ist sinnvoll und final ausgerichtet.

2. Du hast dich bewusst für dieses Leben entschieden.

3. Du erhältst Hilfe auf deinem Weg.

4. Du fühlst dich leicht und gut, wenn du dich lebst und deinen Lebensplan erfüllst.

5. Wenn du von deinem Plan abweichst oder ihm gar entgegenarbeitest, wirst du vom „Schicksal" mit Problemen, körperlichen Beschwerden oder anderen Hindernissen darauf aufmerksam gemacht.

6. Das Gefühl der Sinnhaftigkeit beglückt und erfüllt, du fühlst Vertrauen, Gelassenheit, Sicherheit: ~ *GLÜCKLICHSEIN* ~.

VI. Sinn und Erfüllung

Kaiser Friedrich I.:
„Der schlimmste Weg, den man wählen kann, ist der, keinen zu wählen."

Zum ~ *GLÜCKLICHSEIN* ~ gehören Sinn und Erfüllung unbedingt dazu. In der heutigen Zeit scheint es eher „in" zu sein, am Sinn des Lebens zu zweifeln. Das ist jedoch eher der Egomanie und dem Narzissmus des heutigen Menschen geschuldet, als dass es dem wahren Bedürfnis des Menschen entspräche. Wir zahlen dafür einen sehr hohen Preis, denn ein sinnloses Leben ist in der Tat deprimierend und eben auch einer der Gründe dafür, dass die Depressionen in den letzten Jahren so zugenommen haben. Nach Schätzungen der WHO wird die Depression bis zum Jahr 2020 weltweit die zweithäufigste Erkrankung sein.
So ist der Zustand der Welt, in der wir heute leben, auch nur zu verstehen, wenn wir uns diese Sinnlosigkeit vor Augen führen. Umweltzerstörung, Tierfabriken, Atomenergie, Umweltvergiftung und Ausbeutung sind ja letztendlich selbstzerstörerische Lebensformen, die sich nur entwickeln konnten unter der Vorstellung, das Leben sei sinnlos und man werde das katastrophale Ende nicht mehr selbst miterleben müssen. Möglich wurde diese Entwicklung auch nur auf dem Boden des Kapitalismus und der Prämisse des Christentums, dass wir eben nur ein irdisches Leben haben. (Die Atheisten sind gar davon überzeugt, dass nach unserem irdischen Leben außer etwas Erde nichts von uns bleibt.) So konnte sich mit den Möglichkeiten der industriellen Revolution und der Globalisierung die Macht der Konzerne derart menschen- und lebensverachtend entwickeln. Warum wir alle mehr oder weniger mitmachen, habe ich im Kapitel I kursorisch gestreift.

Wenn du „Das Rezept zum ~ *GLÜCKLICHSEIN* ~" bis hierhin gelesen, verstanden und umgesetzt hast, wirst du die Sinnfrage für dich beantworten können, denn in der Tiefe deines Herzens findest du deine Antwort auf diese Frage. Auch wenn die Antwort für jeden Menschen unterschiedlich ausfällt, gibt es dennoch im Kern eine gemeinsame Basis oder eine gemeinsame Struktur, eine gemeinsame Essenz, was denn ein sinnerfülltes Leben ausmacht.

Eugen Drewermann formuliert es beispielsweise so:
Das eigene Wesen zu finden und ihm treu zu bleiben, ist das Wichtigste, was wir im Leben finden können. Allein darauf kommt es an, und nur auf diese Weise dienen wir Gott (der Schöpfung) ganz: dass wir begreifen, wer wir selber sind, und den Mut gewinnen, uns selber zu leben. Denn es gibt Worte, es gibt Bilder, es gibt Gesänge, die nur in uns, in unserer Seele schlummern, und es bildet die zentrale Aufgabe unseres Lebens, sie auszusagen und auszusingen. Einzig zu diesem Zweck sind wir gemacht; und keine andere Aufgabe ist wichtiger, als herauszufinden, welch ein Reichtum in uns liegt. Erst dann wird unser Herz ganz, erst dann wird unsere Seele weit, erst dann wird unser Denken stark. Und erst mit allen Kräften, die in uns angelegt sind, dienen und preisen wir unseren Schöpfer, wie er es verdient.

Letztendlich gibt es kein sinnloses Leben, auch wenn es uns manchmal so erscheinen mag. Im Nachhinein kann man oft einen Sinn erkennen, oder man hat wenigstens eine Idee davon, obwohl wir natürlich nicht sicher wissen können, was genau der Sinn der jeweiligen Erfahrung ist. Wichtig ist es jedenfalls, ganz fest darauf zu vertrauen, dass alles, was uns begegnet und widerfährt, sinnvoll sein muss.
Ich glaube, dass ein ganz wichtiger Aspekt unseres Lebenssinns darin besteht, dass wir wachsen: unser Bewusstsein, unsere Wahrnehmung, unsere Erkenntnis, unsere Liebesfähigkeit und unsere Weisheit. Unser ganz persönlicher Lebensweg wird in der Essenz diese Ziele im Auge haben,

so persönlich und einmalig er auch sein mag. Wenn du auf deinem ganz persönlichen Lebensweg das Gefühl hast, „richtig" zu liegen, ein sinnvolles, erfülltes, glückliches Leben zu führen, dann sei dankbar dafür. Ich gratuliere dir dazu. Wenn dem nicht so sein sollte, gebe ich im weiteren Verlauf dieses Kapitels konkrete Anregungen, wie du deinen persönlichen Weg finden und überprüfen kannst. Zuvor möchte ich erst noch ein paar allgemeine Grundbausteine besprechen.

Immer wieder versucht der Mensch, eine sinngebende Kraft im Universum zu leugnen und stattdessen auf sinnlosen Zufall zu setzen. So soll einst eine Ureidechse ihre Arme ausgestreckt haben, aus den Schuppen sollen plötzlich Federn geworden sein mit derart sinnvoller Konstruktion, dass perfekte Aerodynamik die Eidechse als Adler in der Thermik fliegen ließ, ohne dass die Eidechse jemals vom Fliegen hätte träumen können. Mit modernen Hochleistungsrechnern hat man mittlerweile Darwins Theorien widerlegt und ist zu der Erkenntnis gekommen, dass doch eine lenkende Kraft mitgewirkt haben muss. Ein so hochkomplexes Wesen wie der Mensch mit seinen komplizierten physischen, psychischen, psychosomatischen und psychosozialen Eigenschaften macht auch nur Sinn, wenn ein Plan dahintersteckt mit dem Ziel von Bewusstseinserweiterung und Entwicklung von Mitgefühl.
Wenn ich von einem persönlichen Lebensplan ausgehe, bedeutet ~ *GLÜCKLICHSEIN* ~, diesem Ziel näher zu kommen. Um einen Lebensplan entwerfen zu können, muss vor meiner jetzigen Inkarnation bereits ein „Ich- Bewusstsein" existiert haben, und nach diesem Leben muss dieses „Ich" in der Lage sein, mein Wachstum, meine Fortschritte, gegebenenfalls auch meine Rückschritte erkennen zu können. Ein sinnvolles Leben impliziert also eine Kontinuität des Bewusstseins. Diese Bedingungen sind mit der Vorstellung von Reinkarnation sehr gut vereinbar. In meinem Lebensplan möchte ich natürlich meine früheren Erkenntnisse und Erfahrungen berücksichtigen. Genau dies sagt die Karmalehre!

Zu Zeiten Jesu war die Lehre von der Wiedergeburt des Menschen allgemein anerkannt, und in allen Weltreligionen und Heiligen Schriften ist auch heute noch ausnahmslos die Reinkarnation, also die Wiedergeburt des Menschen, allgemein anerkannte Lehre (in der Bagavadgita, den Upanischaden, den Veden, im Koran, im Buddhismus, im Hinduismus). Im Christentum war ursprünglich die Vorstellung von Reinkarnation ebenfalls selbstverständlich. Allerdings erkannten die Kirchenfürsten und Machthaber des Christentums, dass man sich die „Gläubigen" besser untertan machen konnte, wenn es nur ein Leben gäbe und die Kirche als Vermittler zwischen Mensch und Gott fungierte. Und so wurde die Reinkarnation kurzerhand abgeschafft (325 n. Chr. beim Konzil von Nicäa) und später sogar zur Irrlehre erklärt (553 n. Chr. beim Konzil von Konstantinopel). In der Bibel sind damals entsprechende Stellen entfernt oder geändert worden. Wenige Stellen wurden übersehen, beispielsweise im Evangelium des Johannes, 1. Kapitel, Vers 19 bis 21:
Und dies ist das Zeugnis des Johannes, da die Juden sandten von Jerusalem Priester und Leviten, dass sie ihn fragten: „Wer bist du?" Und er bekannte und leugnete nicht; und er bekannte: „Ich bin nicht Christus." Und sie fragten ihn: „Was denn? Bist du Elia?"
So kann nur gefragt werden, wenn die Vorstellung von Reinkarnation selbstverständlich und allgemein anerkannte Meinung ist!

Es gibt also deinen ganz persönlichen Lebenssinn, deinen Lebensplan, dein Lebensziel. Um dies zu finden, musst du dich auf die Suche begeben. Es hat den Anschein, als wäre es ein Beweis für Erfolg in unserem Leben, wenn wir keine Zeit haben; ein voller Terminkalender scheint unsere Wichtigkeit zu beweisen. Dabei riskieren wir, unseren Lebensplan, unseren Sinn und unser Ziel aus dem Blick zu verlieren. Das macht sich oft in einem Gefühl von Unzufriedenheit bemerkbar. Nur wenn du das ständige Umherjagen und -hetzen beendest und dir Zeit nimmst, um zur Ruhe zu kommen, kannst du Plan, Sinn und Ziel finden und Erfüllung erleben.

In Kapitel I habe ich den Vergleich mit dem See gebracht, um das zu verdeutlichen: Nur wenn der See zur Ruhe kommt, kann man den Grund des Sees erkennen, und Sonne, Mond und Sterne können sich darin spiegeln. Wenn du meinem Rat gefolgt bist und täglich eine mindestens 15-minütige stille Zeit praktizierst, wirst du in der Stille deines Herzens fündig werden. Wenn du dich auf dem richtigen Weg befindest, zu deinem ganz persönlichen Sinn, Plan und Ziel, wirst du dich glücklicher fühlen. Ein Mehr an Vertrauen und Gelassenheit, ein Mehr an Sicherheit wird dich entspannen und beglücken.

Der indische Weise Rabindranath Tagore sagte:
„Dass der Mensch in seinem Sein eine Vorstellung von Gott besitzt, genau darin liegt das Wunder der Wunder."

Um Hinweise oder Anregungen zu bekommen, kann es hilfreich sein, deine Basis zu analysieren (in Anlehnung an James Redfield: Die Erkenntnisse von Celestine). Was war für deinen Vater sinnerfüllend und beglückend? Was könnte für ihn Plan, Sinn und Ziel gewesen sein, einerlei, ob er es aus deiner Sicht erreicht hat oder nicht? Das Gleiche frage dich bezüglich deiner Mutter. Beides zusammengefügt sollte einen wichtigen Aspekt deines eigenen Lebensentwurfes aufzeigen.
Ein weiterer wichtiger Hinweis für dein Lebensziel ergibt sich, wenn du hineinfühlst in dein Erleben. Bei welchen Gelegenheiten, in welchen Situationen, bei welchen Tätigkeiten hast du dich super gefühlt, warst du glücklich und zufrieden, und die Zeit verging wie im Fluge? Ein Zustand, der auch als „Flow" bezeichnet wird. In diesem Zustand warst du richtig auf deinem Lebensweg. Du hast dich leicht, zeitlos im Hier und Jetzt und glücklich gefühlt. Diese Zustände musst du deutlich unterscheiden von den konzerngesteuerten Zuständen, in denen du vermittels subtiler Werbetechniken eher verführt und unfrei bist, wie beispielsweise beim Fernsehen, Internetsurfen oder Shoppen.

Spätestens nach diesen Phasen kannst du den Unterschied ganz deutlich wahrnehmen. Du fühlst dich eher unzufrieden, unausgeglichen und reizbar. Du vermeidest diese Wahrnehmung jedoch in der Regel und lenkst dich ab mit Kopfkino, Tun und Terminen. In der Stille deines Herzens kannst du den Unterschied jedoch deutlich wahrnehmen, und der Wunsch nach wahrem *GLÜCKLICHSEIN* anstatt eines faden Scheinglückes wird deutlich und klar sein. Folgst du deinem Weg, wird dein Leben sinnvoller und erfüllter, eben glücklicher sein.
Ein weiterer wichtiger Hinweis für deinen Weg, deinen Sinn, dein Ziel ergibt sich aus deinen Fähigkeiten und Talenten. Erlernst du beispielsweise Fremdsprachen nur schwer und widerwillig, vergisst das Erlernte auch schnell wieder und machst kaum Fortschritte, dann ist das ein Hinweis dafür, dass der Fremdsprachenkorrespondent eben nicht deine Berufung ist. Dazu müsstest du fremde Sprachen eher mühelos lernen, müsstest dich davon angezogen und begeistert fühlen. Fremde Ausdrucksweisen, fremde Menschen und Kulturen müssten dich eher faszinieren und Kommunikation dich beglücken. Sollte dies auf dich zutreffen, spricht das dafür, dass dies deine Richtung ist.
Da uns diese Tätigkeiten und Talente leicht fallen und uns Freude bereiten, neigen wir dazu, sie klein zu machen. So kann es hilfreich für uns sein, Menschen, die uns sehr gut kennen, bezüglich unserer Gaben zu befragen.

Jede „Zutat“ zu meinem Rezept zum *GLÜCKLICHSEIN* bringt dich auch jeder anderen Zutat näher. Beispielsweise führt mehr Sinn und Erfüllung zu einer besseren Wahrnehmung (Kapitel III), und umgekehrt bringt dich eine urteilsfreie Präsenz zu einem erfüllteren Leben.
Hierzu möchte ich ein interessantes Experiment wiedergeben: Die Versuchspersonen sollten eine vorgegebene Wegstrecke von A nach B zurücklegen. Auf dem Weg war gut findbar ein Geldschein „versteckt“ und

an einem Rastplatz bestand die Möglichkeit, mit einem „Informanten" ins Gespräch zu kommen, der genau dieser Person eine Information geben sollte, die ihr berufliche Fortschritte ermöglichen könnte.
Das Ergebnis: Die eher glücklichen, erfolgreichen Personen fanden das Geld und waren durch die Informationen inspiriert. Sie waren voller froher Erwartung, die Anregungen umzusetzen. Die weniger erfolgreichen, eher subdepressiven Versuchspersonen fanden hingegen das Geld nicht und gingen nicht auf das Gesprächsangebot des Informanten ein. Sie kamen eher erschöpft von dem Spaziergang am Ziel B an.

Wenn du deine Wahrnehmungsfähigkeit geschult hast, wirst du auch immer häufiger „Zufälle" wahrnehmen, die dir wichtige Impulse für deinen Weg geben. Möglicherweise fällt dir das richtige Buch in die Hände, es wird dir empfohlen oder gar geschenkt. (Überlege einmal, wie du in den Besitz des vorliegenden Buches gekommen bist.)
Du hörst vielleicht ein Interview im Radio oder stößt beim Frisör auf einen interessanten Zeitungsartikel, der dir einen wichtigen Impuls für deinen weiteren Weg gibt. Du wirst erstaunt sein über die vielen Impulse. Und im Laufe der Zeit wirst du immer sicherer die Spreu vom Weizen unterscheiden können, einfach spüren und wissen: Das ist für mich wichtig und richtig.
Auch die Umstände sind dir auf deinem Weg behilflich und zeigen dir gegebenenfalls, was du lernen sollst. Wenn du beispielsweise einem autoritären Chef begegnest und damit nicht klarkommst, dann hast du dich wohl mit deinem eigenen Machtstreben noch nicht auseinandergesetzt. Eine Frau, die ihren Zorn unterdrückt und sich immer friedfertig gibt, wird einem streitenden, rücksichtslosen Mann bekommen und so weiter.
Auch dein Körper ist dir behilflich, deine Wahrheit zu finden. Er zeigt es dir über Beschwerden und Krankheitssymptome, oder eben über Wohlbefinden und ~ *GLÜCKLICHSEIN* ~. Hast du beispielsweise Schmerzen in der Schulter, so will dir dein Körper sagen, dass du die Wut

auf eine wichtige Bezugsperson verdrängt hast. Leidest du an Schnupfen, so hast du einfach die Nase voll, und bei Husten möchtest du eigentlich jemandem „etwas husten", traust dich aber nicht und unterlässt es. Hilfreiche Bücher zum Thema Organsprache sind beispielsweise das Büchlein von Luise L. Hay: *Heile deinen Körper* und von Rüdiger Dahlke: *Krankheit als Sprache der Seele.*

Hier gilt auch wieder, wie schon öfter gesagt, die wichtige Erkenntnis: „Der Weg ist das Ziel" oder, wie es bedeutenden Weisheitslehrern wie unter anderem dem Buddha in den Mund gelegt wird: „There is no way to happiness, happiness is the way!"
Und immer wieder: „Du lebst nur hier und jetzt", was nimmst du hier und jetzt wahr? Woran erfreust du dich? Oder woran hättest du Freude? Was möchtest du tun? Oder möchtest du viel lieber nichts tun, träumen, faulenzen, lauschen ... ?

Wenn du einen Wunsch verspürst, ist es vielleicht besser, ihn nicht sofort zu erfüllen, sondern erst einmal zu prüfen, ob er wirklich zu deinem *GLÜCKLICHSEINS* beiträgt. Wenn ja, dann träume davon und genieße die Vorfreude. Und wenn dann die Wunscherfüllung erfolgt, feiere das Geschenk mit Freude und Dankbarkeit und genieße es. Wenn es beispielsweise um ein kurzfristiges Ereignis geht, wie um ein Konzert, genieße es und erinnere dich hinterher öfter daran. Wenn es um etwas Materielles geht, wie um einen Massivholztisch, dann aktiviere deine Freude darüber immer wieder. Du kannst den Tisch auch noch nach einem Jahr stolz bewundern und genüsslich über das Holz streichen.

Wenn du dich wieder sinnerfüllt fühlst, sei dankbar dafür und pflege die Dankbarkeit als einen Teil deines *GLÜCKLICHSEINS*. Wenn du mit Freunden, Bekannten oder Verwandten Sinn und Erfüllung erlebst, so erkenne, dass auch Mitgefühl, Freude und Liebe dabei sein und ausgedrückt sein wollen. Dein Tun und Wirken wird immer zum Wohle aller Beteiligten beitragen. Geben und Empfangen sollen und werden sich durchdringen. Versuche so immer öfter, die sechs Schritte meines Rezeptes zum *GLÜCKLICHSEIN* zu verbinden. Lasse dich die einzelnen Qualitäten umfangen und durchdringen, und *GLÜCKLICHSEIN* wird zu deinem Normalzustand. Dein körpereigenes Morphin steigt und lädt dich ein zu freudvollem Genuss; dein erhöhter Serotoninspiegel beruhigt, schenkt dir ein Gefühl von Sicherheit und Gelassenheit, Vertrauen ins Leben.

Genieße es, dein *GLÜCKLICHSEIN*

Wo stehst Du?

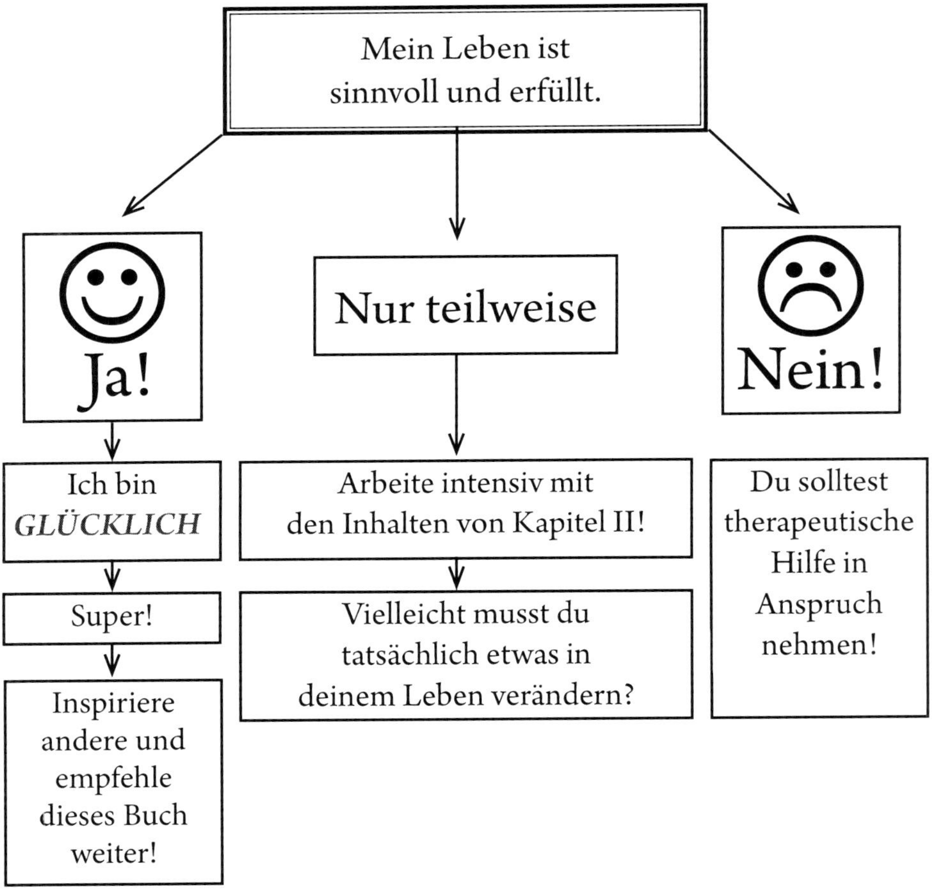
Mein Leben ist sinnvoll und erfüllt.
Ja!
Nur teilweise
Nein!
Ich bin GLÜCKLICH
Super!
Inspiriere andere und empfehle dieses Buch weiter!
Arbeite intensiv mit den Inhalten von Kapitel II!
Vielleicht musst du tatsächlich etwas in deinem Leben verändern?
Du solltest therapeutische Hilfe in Anspruch nehmen!

Resümee

- Ich spüre tief in mir, dass ich mich glücklich und erfüllt fühle, wenn ich mein Leben sinnvoll lebe und erlebe.

- Es ist gut, sich mit etwas Größerem verbunden zu fühlen.

- Ich überprüfe meinen Lebensweg auf Sinn und Erfüllung.

- Der Lebenssinn meiner Eltern ist meine Startbasis.

- Meine Fähigkeiten und Talente sind zielführend.

- Mein Glücksgefühl ist Bestätigung.

- Ich nehme Hinweise und „Zufälle“ ernst und nutze die Organsprache.

- Die tägliche Ruhezeit von mindestens 15 Minuten ist fester Bestandteil meines Tagesablaufes, ob Meditation, Stille oder Kontemplation.

- Mindestens einmal monatlich mache ich Bestandsaufnahme (Kapitel I – VI) und freue mich über meine Fortschritte. Ich bin dankbar und GLÜCKLICH und formuliere ein Etappenziel für die nächsten vier Wochen.

Ich bin dankbar für mein Mehr an ~ *GLÜCKLICHSEIN* ~.
Ich genieße mein ~ *GLÜCKLICHSEIN* ~.

Anhang
Wissenschaft und Glück

Es gibt unzählige wissenschaftliche Studien zum Thema. Da dieses Buch keine wissenschaftliche Arbeit sein soll, habe ich wegen der besseren Lesbarkeit und Verständlichkeit darauf verzichtet, einzelne Studien zu zitieren. Ich fasse einige wissenschaftliche Erkenntnisse, die mir für dieses Buch wichtig erscheinen und als Bestätigung meiner Empfehlung dienen, zusammen. Der interessierte Leser wird in den neuen Medien aus der Fülle der faszinierenden Veröffentlichungen finden, was ihn interessiert.

Zunächst möchte ich noch einmal den negativen Disstress dem positiven Eustress gegenüberstellen. Der negative Stress meint Überlastung, Anspannung, Leistungsdruck, Zeit- und Termindruck, Überforderung, Informationsüberflutung, Gedankenkreisen bis zur Erschöpfung, zum Burnout mit negativen Gedanken bis hin zur Depressivität. Der positive Eustress ist das, was uns herausfordert, begeistert, erfüllt; das, wobei wir alles andere vergessen können, wobei wir uns glücklich und zufrieden fühlen.

Es gilt als gesichert, dass der negative Stress in den westlichen Leistungsgesellschaften verantwortlich ist für die häufigsten Todesursachen in diesen Ländern. Diese sind die Herz-Kreislauf-Erkrankungen und die Krebserkrankungen. Ebenso ist dieser Stress mitverantwortlich für die Zunahme der Angst- und Depressionserkrankungen sowie der Erschöpfungskrankheiten wie Burnout.

Schon Anfang des letzten Jahrhunderts wurde die positive Wirkung von Entspannungsverfahren auf verschiedene Erkrankungen belegt. Prof. I. H. Schulz, der das autogene Training bekannt machte und zu seiner Verbreitung beitrug, wies nach, dass bei der „Wärmeübung“ die Haut-

temperatur seiner Probanden tatsächlich anstieg, und dass bei der „Stirnkühleübung“ die Hauttemperatur an der Stirn tatsächlich messbar abfiel. Weitere Studien belegten den günstigen Effekt beispielsweise auf Wirbelsäulenerkrankungen. Hier konnte gezeigt werden, dass der Krankheitsverlauf verkürzt wurde, die Patienten weniger Schmerzmittel brauchten und zufriedener waren.
Der positive Einfluss von Entspannungsverfahren auf die Risikofaktoren von Herz-Kreislauf-Erkrankungen konnte nachgewiesen werden. Der Blutdruck konnte gesenkt werden, der Puls normalisierte sich, Cholesterin und Blutfettwerte verbesserten sich und sogar Blutzuckerwerte bei Diabetikern konnten günstig beeinflusst werden.
So gehört auch heute noch das autogene Training zu jeder Rehabilitations-Maßnahme nach Herzinfarkt. In der Wertehierarchie der Kardiologen stehen jedoch die Bypass-Operationen, die Herzkatheter-Untersuchungen mit Koronar-Interventionen mit und ohne Stents sowie die Medikamentenverordnung ganz oben, Entspannungs-Verfahren werden praktisch nie erwähnt.
Vor ungefähr zwanzig Jahren wurde eine weltweit angelegte Studie zur Überlebensdauer nach Herzinfarkt auf dem Internistenkongress in Wiesbaden vorgestellt. Dabei konnte eine positive Wirkung dieser Maßnahmen jedoch nicht bestätigt werden. Die einzige Variable, die einen statistisch signifikanten Einfluss auf die Überlebensdauer der Studienteilnehmer hatte, war das Ausmaß an Angst und Depressivität; Faktoren, die ja erfolgreich mit autogenem Training und Meditation gebessert werden können. Eine weitere weltweit angelegte Studie zu diesem Thema, die vor wenigen Jahren veröffentlicht wurde, bestätigte dieses Ergebnis. Das Weltbild der Kardiologen wurde dadurch jedoch nicht erschüttert. Die Herzkatheter-Untersuchungen nehmen weiterhin zu!
Viele Studien wurden auch mit der Methode der „Transzendentalen Meditation“ kurz „TM“, Ende des letzten Jahrhunderts durchgeführt.

Die Ergebnisse sind überzeugend und beeindruckend und weisen in die gleiche Richtung.
Mit dem relativ neuen Forschungsgebiet der Psycho-Neuro-Immunologie wird erforscht, wie die Psyche auf das Immunsystem wirkt. Nachgewiesen ist beispielsweise, dass bereits zehn Minuten Meditation die Immunzellen um bis zu 30 % ansteigen lässt. (Negativer Stress hat entsprechend eine hemmende Wirkung auf die Produktion von immunkompetenten Zellen.)

Die Forschungsrichtung, die sich mit Neuronen, Neuroplastizität und Neurotransmittern beschäftigt, hat sich mittlerweile auch dem *GLÜCKLICHSEIN* als Objekt der Forschung zugewandt. So ist zum Beispiel gesichert, dass bereits ein Lächeln zur Ausschüttung von Glückshormonen (Endorphinen) führt.

Auch die Psychotherapeuten trauen sich inzwischen mehr an die Glücksforschung heran. Dieser Mut rührt sicherlich daher, dass es mittlerweile in der Hirnforschung durch bildgebende Verfahren möglich geworden ist, unterschiedliche Gehirnaktivitäten in ganz bestimmten Arealen oder Kernen des Gehirns sichtbar zu machen. Es gilt mittlerweile als gesichert, dass wir im rechten Frontallappen ein Zentrum für „Stress, negatives Denken und Depressivität“ haben, im linken Frontallappen dagegen ein „Glückszentrum“. Mitbedingt unter anderem durch eine Initiative des Dalai Lama sind hier schon seit Längerem Untersuchungsreihen mit meditierenden buddhistischen Mönchen durchgeführt worden. Diese wiesen bereits ohne Meditation eine hohe Aktivität im „Glückszentrum“ auf, die sich durch Meditation sofort noch verstärken ließ. Regelmäßiges Meditieren erhöht die Aktivität im Frontallappen der linken Gehirnhälfte um ungefähr 50 %.

Doch so, wie der Maler, Musiker oder Sportler sein Talent in sich entwickeln und üben muss, so musst auch du möglichst täglich trainieren.
15 Minuten – und dein Immunsystem wird gestärkt, Infektionskrankheiten und Krebserkrankungen werden unwahrscheinlicher, Herz-Kreislauf-Erkrankungen nehmen ab, die Schlafqualität verbessert sich und du wachst morgens erholt und erfrischt auf. Du befindest dich in urteilsfreier Präsenz, bist voller Mitgefühl und Liebe, Dankbarkeit und Demut. Du lebst ein sinnvolles und erfülltes Leben.

Du lebst und erlebst ~ GLÜCKLICHSEIN ~
in seiner ganzen Fülle und Tiefe.

Lieber glücksuchender Leser!
Über eine Rückmeldung würde ich mich sehr freuen.
Jedes Anschreiben werde ich beantworten.

Kontakt:
Dr. med. Andreas Krampe
Steinweg 13, 63505 Langenselbold
Email: auchkrampe@posteo.de
Homepage: www.freude-im-sein.de

Haftungsausschluss:
Alle Angaben in diesem Buch wurden nach bestem Wissen und mit größter Sorgfalt erstellt.
Glück ist eine Gefühlsqualität, die im Zusammenwirken aus körperlichen, geistigen und seelisch-spirituellen Empfindungen resultiert und absolut subjektiv wahrgenommen wird. So ist Glück nicht messbar oder quantifizierbar. Daraus folgt logischerweise, dass der Autor und der Verlag keine Garantie für die Empfehlungen aus diesem Buch übernehmen. Die Umsetzung bleibt in der Eigenverantwortung des Lesers.
Der Autor und der Verlag übernehmen keine Verantwortung und Haftung für Personen-, Sach- und Vermögensschäden aus der Anwendung der hier erteilten Ratschläge.